Puppen
Europäische Puppen 1800–1930

Jürgen und Marianne Cieslik

Puppen

Europäische Puppen 1800-1930

MOSAIK

Antiquitäten International

Herausgeber: Albrecht Bangert
Redaktion: Hartmut Panskus
Layout: Joerk Reitz
Herstellung: Gorbach GmbH, Gauting
Satz: Schumacher-Gebler, München
Litho: Nefli b. v., Haarlem
Druck und Bindung:
Grijelmo S. A., Bilbao

Eine Produktion von
Plenary Publications International,
Inc., New York – Amsterdam

Printed in Spain
ISBN 3-570-05837-9

---

1 vorhergehende Seite von links nach rechts: Deutsche Charakterpuppe von Heubach (Thüringen um 1920), Französische Puppe von Jules Steiner (Paris um 1885), »Täufling« von Kley & Hahn, um 1915.

Inhalt

Vom Fetisch zum Spielzeug

Die Geschichte der Puppe ist mit der Geschichte des Menschen eng verbunden. Um sich selbst nachzubilden, hat der Mensch in ihr ein Kultursymbol geschaffen, das ihn in alle Erlebnisbereiche begleitete: religiöse Verehrung, Toten- und Grabbeigabe, Kult- und Votiv-Plastik, Zauber- und Idolfigur, Amulett und Talisman.
Schon im alten Ägypten und Griechenland hat es Puppen gegeben. Im Mittelalter und der frühen Neuzeit hielten sie zur Belustigung der Erwachsenen Einzug an den Höfen in Mitteleuropa.
Das Zeitalter des Kindes brachte einen Rollenwechsel. Die Puppe wurde zum Spielzeug für Kinder. Die Herstellung wurde einfacher, zeitweise auch primitiver.

Besser ausgestattete Puppen aber blieben das erstrebenswerte Spielzeug in den bürgerlichen Familien. Sie waren teuer, aber durch schonende Behandlung wurden sie sozusagen als Bindeglied zwischen den Generationen bewahrt und von den Eltern den Kindern weitervererbt.
Viele Materialien, aus denen Puppen hergestellt wurden, überdauerten nur eine einzige Kindergeneration, denn sie waren anfällig und leicht zerbrechlich. Deshalb

2 Portrait einer »Heubach-Puppe«, um 1920

sind in Puppen-Sammlungen die ganz frühen Papiermaché-Puppen (Anfang des 19. Jahrhunderts) oder Brotteig-Puppen nicht zu finden, nicht einmal in Museen. (Bei den entsprechenden Exponaten handelt es sich mit Sicherheit um meisterhafte Neuanfertigungen nach alten Beschreibungen oder Vorlagen.)

Erst mit dem Aufkommen des mit Zement verstärkten Papiermachékopfes und dem Kopf aus Porzellan, wurden die Puppen dauerhafter. In diese Zeit fiel auch der Beginn der ersten bekannten großen Puppensammlungen. Zunächst sammelten nur wenige, meist an historischer Mode interessierte Franzosen und Engländer. Aber durch die neue Massenproduktion und damit verbundene Verbilligung konnten auch die Erwachsenen ihre Kindheitsträume verwirklichen. Ende des 19. Jahrhunderts hatte man eine neue Freizeitbeschäftigung gefunden: In kleinen Damenzirkeln wurden Puppen benäht und bekleidet. Man stellte sich Themen aus bestimmten Modeepochen und Theateraufführungen und entwarf danach die entsprechende Bekleidung für Puppen.
Oft dauerten die Vorbereitungen für Ausstellungen, in denen die bekleideten Puppen gezeigt wurden, über ein Jahr. Eine gigantische Veranstaltung fand im Jahre 1912 in London statt: Das große Warenhaus Whiteley organisierte eine Ausstellung mit über 35 000 Puppen – es war ein großartiges Bild, das sich den Besuchern bei der Eröffnung bot. Man stelle sich vor: 35 000 (!) individuell ausgestattete, meist prunkvoll angezo-

3–6 Postkarten um 1900.

7 Prinzessin Juliana, die heutige holländische Königin, im Alter von vier Jahren mit ihren Puppen.

Prinses Juliana

8 Die berühmte und begehrte »Nr. 117 A« von Kämmer & Reinhardt (um 1914)

9 Antiker Schreibsekretär, in dem eine Sammlerin ihre Puppen wirkungsvoll untergebracht hat.

gene Puppen. Welche Aufregung mag unter den Damen der ersten Gesellschaft geherrscht haben, die monatelang auf dieses große Ereignis hingearbeitet haben? Das Lob für ein solches Engagement blieb nicht aus. Die ausgestellten Puppen dienten einem karitativen Zweck: Sie wurden zum Weihnachtsfest unter den Kindern der ärmeren Bevölkerung Londons verteilt.
Selbst das Königshaus sprach den Veranstaltern höchstes Lob aus. Dort war das Interesse für Puppen schon traditionell. Legendär ist die Sammlung der Queen Victoria, eine der schönsten und wertvollsten Puppensammlungen.
Beim Staatsbesuch des englischen Königs im Jahre 1938 in Paris wurden ihm für die beiden Prinzessinnen Elizabeth (heute Königin von England) und ihre Schwester Margaret Rose von der französischen Regierung als Gastgeschenk zwei Puppen überreicht: »France« und »Marianne«. Die beiden Puppen kosteten damals 1,5 Millionen alte Francs. Sie waren je mit 365 Kleidern ausgestattet, die in den ersten Modehäusern von Paris angefertigt worden waren. Jedes Kleid hatte passende Accessoires, zum Beispiel Wäsche, Schuhe, Schmuck, Handtaschen und Hüte. Die Puppen waren 80 cm groß und ihre Ausstattung in 15 verschiedenen Puppenkoffern untergebracht. Hersteller die-

ses ungewöhnlichen Präsentes war die Société Française de la Fabrication des Bébés et Jouets in Frankreich.
Sich mit der Puppe und ihrer Geschichte zu beschäftigen, heißt, sich mit ihr unter historischem, pädagogischem, philosophischem, technischem und modischem Aspekt auseinanderzusetzen, sie durch das Labyrinth der Geschichte, Philosophie, Pädagogik,

Mode und Technik zu begleiten; denn der Weg der Puppe bis in unsere heutige Zeit ist verschlungen und bizarr.
Auch Wissenschaftler haben sich an der Deutung der Puppe versucht: Die Psychologen haben das Unterbewußtsein zu Rate gezogen, um dem Phänomen Puppe auf die Spur zu kommen.
Ein Soziologe hat herausgefunden, daß mindestens ebensoviele Kinder mit Woll- oder Stoffpuppen spielen wollen, wie mit Puppen aus Wachs und Porzellan. Er hatte um 1910 rund 850 Kinder befragt, von denen 191 mit den »besseren« Puppen, weitere 190 am liebsten mit Lumpen- und Stoffpuppen spielten.
Ein Jahr später brachte eine Umfrage in den USA zutage, daß 266 Kinder ihre Puppen am liebsten anzogen, 218 sie am liebsten wuschen und reinigten, 183 nähten gern für sie, 176 legten sie gern schlafen, 82 behandelten sie als Freund und 36 spielten am allerliebsten mit ihnen Beerdigung.

Als die Puppe die Kinderzimmer erobert hatte, interessierten sich vor allem Pädagogen für dieses Spielzeug. Zur Zeit der fortschrittlichen Erzieher wie Pestalozzi und Fröbel wurde auch die Puppe zum Gegenstand ihrer Bemühungen um eine bessere Erziehung und Lebensform.

Schon Mitte des vergangenen Jahrhunderts gab es Initiativen zur »Gestaltung des guten Spielzeugs, der guten Puppe«; ein Engagement, das es bis in unsere heutige Zeit gibt, mehr oder minder erfolglos.
Nicht die Erwachsenen, sondern die Kinder entscheiden über den Erfolg eines Spielzeugs. Gutes Spielzeug ist verhältnismäßig teuer, aber nicht nur aus diesem Grunde schwer zu verkaufen. Hier spielen andere Faktoren eine Rolle: als Beispiel sei hier die Geschichte der Barbie-Puppe genannt. Mit vielen kritischen Anmerkungen versehen, war sie zunächst als Maskottchen mit Busen und Beinen für die männlichen Erwachsenen angeboten worden (als Bild-Lilly). Der geschäftliche

10 »Spielendes Mädchen« – zeitgenössische Abbildung um 1830.

11 Um die Weihnachtszeit wurden die Puppen in den großen Kaufhäusern in eindrucksvollen Szenen zum Kauf aufgeboten (1886).

Erfolg war nicht erwähnenswert, bis ein amerikanischer Konzern das in Massenproduktion gefertigte Ebenbild dieser Vamp-Miniatur-Ausgabe auf den Spielzeugmarkt brachte.

Die kleinen Mädchen sorgten für Umsatz: Sie sahen in der Puppe ein zeitgemäßes Produkt ihrer eigenen Umwelt, ein Spiegelbild der Erwachsenen, das ganz so aussah, wie sie in ihrer kindlichen Vorstellung selbst einmal aussehen wollten. Die Barbies und ihre vielen Kopien wurden ein Dauerrenner der Spielzeugbranche und lieferten den Beweis: dem ständigen Bemühen um »gutes Spielzeug« war wieder einmal im Kinderzimmer eine Absage erteilt worden. Im allgemeinen läßt sich festhalten, daß die Puppe seit ihrem Eintritt in das Bewußtsein als ausdrückliches Spielmittel eine ständige Entwicklung bis hin zur absolut realistischen Darstellung durchgemacht hat.

Die Frage der künstlerischen Gestaltung des Kopfes oder Kleides entspricht den Stil- und Geschmacksvorstellungen der jeweiligen Zeit, die sich ständig verän-

derten. Ob idealisierter und süßlicher Puppenkopf oder ausgeprägter Charakterkopf, sollte dem heutigen Sammler ziemlich egal sein. Er wird seine Puppensammlung nach seinem individuellen Geschmack zusammenstellen und gestalten.
Von der steifen Holzdocke über die Gliederpuppe bis zur heutigen, mit allen menschlichen Ausdrucksmöglichkeiten und Bedürfnissen versehenen Venylpuppe ist die Entwicklungsgeschichte der Puppe spannend und ereignisreich.

An dieser Stelle sei vermerkt, daß im folgenden die Entstehung und Entwicklung der Spielpuppe, ihre Herstellung und Industrie behandelt werden. Andere Gebiete des Puppen-Sammelns, wie Trachtenpuppen, Marionetten, Theaterpuppen usw. sind separate Bereiche, die den Rahmen dieser Darstellung sprengen würden.

Die Frühzeit

Es ist nicht ausgeschlossen, daß schon vor zwei- oder dreitausend Jahren Kinder mit kleinen, puppenartigen Figuren aus Holz oder Ton spielten. Doch erst mit Beginn des 15. Jahrhunderts ist die in der Einleitung erwähnte, kontinuierliche Entwicklung der Puppe zur Spielpuppe zu beobachten. Handwerkliche Fertigkeiten, Erfindungsreichtum und ein bürgerliches Modebewußtsein waren die wichtigen Stationen auf dem Wege zur Popularität. Der Siegeszug der Puppen in das 20. Jahrhundert war nicht aufzuhalten.
Wir müssen davon ausgehen, daß im späten Mittelalter das Spielen, so wie wir es kennen, den Kindern von Reichen und Adligen vorbehalten blieb. Es machte keinen Unterschied, ob das Kind männlichen oder weiblichen Geschlechts war: Mädchen wie Jungen spielten mit Puppen.

Der Arzt Heroard hat zu Beginn des 17. Jahrhunderts Tagebuch über die Jugend eines französischen Kronprinzen, des späteren Königs Ludwig XIII., geführt. Heroard schrieb über den am 27. September 1601 geborenen Prinzen: »... Er ist zwei Jahre und sieben Monate alt, als Sully ihm eine kleine Kutsche voller Puppen schenkt.« Vom vierjährigen Prinzen berichtet der Chronist: »... Er vergnügt sich mit kleinen Spielsachen und einem Kabinett aus Deutschland (Anm.: hölzerne Miniaturgegenstände, die von Nürnberger Handwerkern hergestellt wurden). M. de Loménie gibt ihm einen kleinen Edelmann, den sein parfümierter Kragen sehr gut kleidet... Er kämmt ihn und sagt: ›Ich will ihn mit der Puppe von Madame (Anm.: seiner Schwester) verheiraten‹«.

Diese Tagebuch-Notizen dokumentieren die Anfänge der Spielpuppe in der frühen Neuzeit und den damals schon weit über die Landesgrenzen hinaus florierenden Handel mit Spielzeug und Puppen aus Nürnberg.

12 Marktstand um 1625 in Holland, auf dem Puppen und Spielzeug angeboten werden.

13 Holzpuppe mit Schönheitsfleck auf der Stirn, 27 cm, um 1700.

Nürnberger Dockenmacher

Die Nürnberger Puppenmacher werden schon um 1400 als »Dokkenmacher« erwähnt (»Docke« oder auch »Tocke« war der gebräuchliche Ausdruck des Mittelalters für Spielzeug, ab 1700 wurde dieser Begriff ausschließ-

14/15 Aus dem 1698 gedruckten Buch »Beschreibung der Gemein-Nützlichen Hauptstände« von Christoff Weigel.

lich für Puppen verwandt). Die Dockenmacher waren in Zünften organisiert und stellten »Docken von Holz geschnitten« her. Die Papierdockenmacher, in einer alten Darstellung um 1700 ausführlich beschrieben, hatten strenge Zunftregeln. So war es den »Mägden verboten, Papierdocken zu machen, weil daraus die größt' Stümperei hervorgegangen...« Die Papierdocken waren aus Steinpappe gefertigt, einem Material, das durchaus als Vorläufer des Papiermachés anzusehen ist. Steinpappe (franz. carton-pierre) ist eine Masse aus Schlämmkreide, Leim und Harz und läßt sich in weichem, nassem Zustand in Formen drücken, auf Draht gezogen, drehen und biegen und wird nach dem Trocknen sehr hart.

Pariser Puppen: Spielzeug für Erwachsene

Die Puppenherstellung in Frankreich entwickelte sich in der Zeit zwischen 1700 und 1800 anders als in Nürnberg: Zunächst in eine technisch-künstlerische, dann in eine modische Richtung. Die Puppen dienten zur Unterhaltung der Erwachsenen und waren entsprechend aufwendig ausgestattet. Begüterte Familien, fürstliche und königliche Häuser überboten sich dabei in Prunk und Ausstattung. Die Puppen waren aus Wachs, Holz oder Terrakotta gefertigt.

16 Die Kinder der Herzogin von Orleans – Kupferstich von Joullain nach einem Gemälde von Coypel um 1760.

Sie wurden wie kleine Mannequins nach der neuesten Mode gekleidet und sind noch heute unter den Sammlern als »frühe Modepuppen« ein Begriff. Schneiderinnen, Putzmacherinnen und Haarkünstler wetteiferten, sie als Modelle nach der neuesten Mode zu kleiden und herzurichten. So brachten diese Puppen die letzten Kreationen der Mode auch in die kleinsten Provinzen und an die entferntesten Fürstenhöfe.
Wie teuer und kostbar solche Puppen waren, mag daraus ersichtlich sein, daß eine Puppe aus dem Jahre 1722, die damals ein Geschenk der Herzogin von Orleans war, 2200 Francs kostete. Und Arabella Stuart brachte um 1600 aus Paris eine große Anzahl von Puppen mit. Sie spielte mit ihnen, zog sie an und wieder aus und nähte neue Puppenkleider. Sie fertigte selbst Polster und kleine Kissen für die Puppenbettchen.

Königin Elizabeth I. von England spielte auch als Erwachsene begeistert mit Puppen. Eine ihrer Puppen kam aus Spanien. Sie war fast lebensgroß und trug Kleider, die von den Damen des spanischen Hofes gefertigt worden waren.
Von einer wahren Wunderpuppe wissen die Chronisten aus der Reformationszeit zu berichten. Sie war im Besitz der Herzogin von Kintock. Es heißt, sie sei »aus dem Holz des Feuerbaumes geschnitzt« gewesen und so kunstvoll gearbeitet, daß sie angeblich den Mund öffnete, gähnte, lachte und andere Bewegungen machte, wenn man auf ihre »Augen drückte«.
Eine andere Puppe, wohl die kostbarste des 17. Jahrhunderts, war ein Geschenk von Louis d'Epernon an die junge Herzogin von Bourbon. Der spendable Geber hatte auch noch eine vollständige Schlafzimmereinrichtung beigefügt, zu der alle Utensilien bis aufs Kleinste nachgearbeitet worden waren. Die Puppe soll damals nahezu 1000 Francs gekostet haben. Die Beschreibung der Puppe ist uns überliefert.
Leider sind von diesen schönen Ausstattungspuppen nur wenige Einzelexemplare erhalten geblieben. Viele sind verschollen, andere

stehen in Museen, meist in Magazinen versteckt, unerreichbar für den interessierten Sammler.

Verschwunden sind offenbar auch zwei kostbare Renaissancepuppen, über die noch Anfang dieses Jahrhunderts in Sammlerkreisen berichtet wurde. Es handelte sich um französische Fabrikate, ein Exemplar aus dem Jahre 1550, das dem Sammler S. Dervilìè in Paris gehörte, und die andere aus der Zeit um 1600, deren stolzer Besitzer ein Dr. Albert Figdor in Wien war. Beide Sammler haben ihre Puppen ausführlich beschrieben. Danach waren die Köpfe aus Holz geschnitzt, die Gesichter bemalt, die Bekleidung der Mode der damaligen Zeit entsprechend, aus gediegenem Seidenbrokat.

Auch diese beiden Puppen waren Modepuppen, wie sie bis zur Französischen Revolution in Gebrauch waren. Wegen der zu häufig wechselnden Mode wurden sie seit dem Ende des 18. Jahrhunderts durch die einfacheren und billigeren Modejournale mit Kupferstichen abgelöst und erst Ende des 19. Jahrhunderts wieder aus der Vergessenheit gerissen.

Botschafterinnen der Mode

Modepuppen reisten als Botschafterinnen der guten französischen Schneiderkunst bis nach Indien. Ihre Bedeutung sei mit einer kleinen Begebenheit verdeutlicht: Ein

17 / 18 Kleine französische »Jumeau-Puppe«, 24 cm hoch, vor 1890

M. Natalis Roudot erzählte, daß die Damen von Kalkutta ein Schultercape als Kopftuch tragen, weil die Modellpuppe, die das Cape richtig über den Schultern trug, nicht mit der Kleiderkollektion in der Hafenstadt eingetroffen war. Erst viel später erkannten die Damen, vermutlich zart errötend, ihren Irrtum.

Modepuppen wurden von den Pariser Couturiers noch bis zu Beginn des ersten Weltkrieges eingesetzt. Sie reisten in der Welt herum, etwa zwanzig für eine Kollektion und warben für die französische Eleganz. Die Aufträge einer solchen »Reisetruppe« von Puppen-Mannequins, die das Modehaus dann zu bearbeiten hatte, sollen immer beachtlich gewesen sein.

Holzpuppen

Malerpuppen mit feststellbaren Gliedern

Eine der nächsten Verwandten der Modepuppe ist die Gliederpuppe, die schon im 15. Jahrhundert von Malern und Bildhauern als Modell benutzt wurde. Die Puppen wurden in Ton geformt und dann in Wachs gegossen, so daß der Künstler sie jederzeit biegen und kneten konnte, je nach Bedarf.

Daneben gab es die hölzernen Gliederpuppen, deren Gelenke festgesteckt werden konnten. Dürer benutzte diese Puppenart häufig als Vorlage für seine künstlerische Arbeit. Eine seiner Puppen soll sich noch in einem Wiener Museum befinden.
Der Bedarf an Modell-Glieder-Puppen wuchs ständig. Einzelne Meister wurden bekannt, so auch ein gewisser Anciaum in Paris, der in seiner Zeit die Pariser Künstler mit den schönsten Gliederpuppen versorgte. Meist wurden sie auf Weisung des Künstlers geschnitzt, nach genauen Skizzen und Entwürfen.

André Felibien, französischer Diplomat im 17. Jahrhundert, schrieb nach einem Besuch im Atelier des Malers Nicolas Poussin: »Er ordnete auf einem kleinen Tisch Figuren (Puppen) an, die er bekleidete, um die Wirkung und Anordnung all der Körper in ihrem Gesamteffekt zu beurteilen...« Ähnliche Holzgelenkpuppen kann man auch heute noch kaufen. Neben Puppen mit feststellbaren Gliedern hat man bei archäologischen Ausgrabungen entdeckt, daß selbst im alten Griechenland frei bewegliche Gliederpuppen aus Holz oder Ton nicht unbekannt waren. Eines dieser seltenen Exemplare ist im Spielzeugmuseum Sonneberg in Thüringen zu sehen.
Die »Wiederentdeckung« dieser freibeweglichen Gliederpuppen begann um 1759.

Pantin gleich Hampelmann

Es war der französische Mechaniker Dedier in Paris, der die Hauptstadt in einen regelrechten Puppentaumel versetzte durch eine Puppe aus Holz, beweglich durch Zug, die bei uns unter dem Begriff »Hampelmann« bekannt wurde. In einer zeitgenössischen Darstellung heißt es: »...und noch in dem selben Jahr (1759) fanden dieselben eine außerordentlich starke Verbreitung, denn unter der Regierung Ludwig XV. herrschten in Frankreich bekanntlich recht eigenartige Sitten, und selbst die Erwachsenen, die Männer, pfleg-

ten mit diesen Gliederpuppen zu spielen, sie in Gesellschaften und an den Stammtischen zu zeigen und, dieselben an den Daumen haltend, in grotesker Weise herumtanzen zu lassen...«
Diese spontane Begeisterung ließ die Hersteller der vollplastischen Puppen nicht ruhen und bald war die vornehme französische Gesellschaft auch mit bemalten Gliederpuppen versehen. Der berühmte Hofmaler François Boucher bemalte Puppen für die Aristokratie und nahm mindestens eintausend Francs für eines seiner Kunstwerke.
Um 1735 wurden in Deutschland in einem Verzeichnis über die Sonneberger Spielwaren die Holzdokken als Puppen zum ersten Mal erwähnt. Es ist jedoch mit Sicherheit anzunehmen, daß Puppen und Puppenartikel aus Holz im Thüringer Raum schon weit früher angefertigt wurden.

Unter den alten Holzdocken war die sogenannte Ziehdocke bereits mit einer Art Bewegungsmechanismus ausgestattet. Ziehdocke wurde sie genannt, weil die Bewegung durch Ziehen ausgelöst wurde. Der ganze Mechanismus zeichnete sich durch erstaunliche Einfachheit aus. Die Arme der aus Holz gedrechselten Figur trugen einen Säugling im Wickelkissen und hoben ihn hoch, wenn an der Schnur gezogen wurde. Eine dreh-

19 »Der Maler« – Kupferstich von D. Chodowiecki aus dem 18. Jahrhundert, auf dem zwei typische Gliederpuppen abgebildet sind, wie sie als Modell benutzt wurden.

20/21 Holzpuppe mit Gelenken, der Körper besteht aus Holz, die Gesichtszüge sind gemalt. Wollperücke – um 1680.

22–24 Typische »Queen Ann Doll« mit Holzgelenken, gemalten Gesichtszügen und aufgesetzter Perücke, 78 cm, um 1760 in England hergestellt.

25 Gedrechselte Holzdocken, wie sie ab Ende des 18. Jahrhunderts bis heute angeboten wurden, aus Berchtesgaden, Thüringen und Böhmen.

bare Holzachse lagerte waagerecht in der Schultergegend, an den beiden Enden der Achse waren die Arme angebracht. Ungefähr in der Mitte der waagerechten Achse war eine Schnur befestigt, die halb um die Achse geschlungen war. Sie führte dann durch ein senkrecht nach unten gerichtetes langes Bohrloch nach außen. Beim Ziehen machte die Achse eine halbe Drehung, die Arme hoben sich nach oben, beim Nachgeben der Schnur senkten sie sich.
Die Ziehdocke ist aus der einfachen Holzdocke, der späteren Kronendocke hervorgegangen. Man unterschied im 18. Jahrhundert zwischen den Kronendocken und den Tanzdocken.
Die Kronendocken ähnelten dem König im Kegelspiel. Sie hatten eine Krone auf dem Kopf angedrechselt, die vergoldet war. Der übrige Teil der Puppe erhielt bunte Verzierungen und hatte bewegliche Arme.
Tanzdocken standen nicht auf Füßen, sondern auf einer Art Bürste. Es waren drei kleine Borstenbüschel an der Unterfläche der Puppe angeleimt. Setzte man eine solche Puppe auf den Tisch und klopfte auf die Tischplatte, so bewegte sich die Puppe, sie tanzte.
Diese frühen Sonneberger Holz-

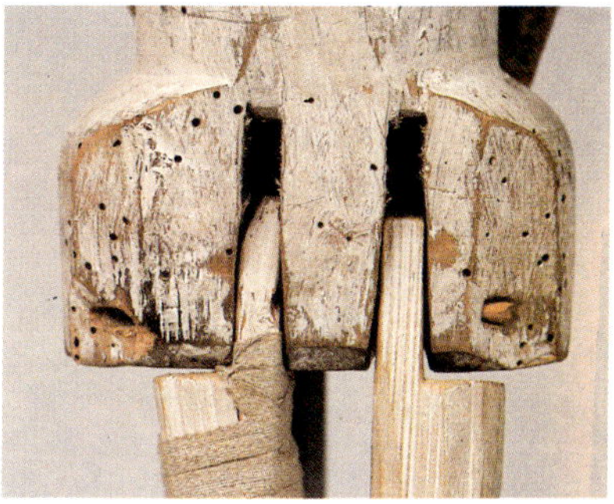

puppen, die ihren Ursprung eigentlich in einer südlicheren Gegend Europas hatten, nämlich in den Gebirgstälern von Berchtesgaden und Gröden, wiesen keine herausgearbeiteten plastischen Körpermerkmale auf. Sie waren aus Holz gedrechselt, hatten aufgemalte Gesichter, und Rumpf und Glieder entsprachen nicht den menschlichen Proportionen.

Brotteig und Holz

Dann, 1780, berichtet der Thüringer Chronist Keßler von Sprengeysen, wurden in der Nähe von Sonneberg Holzpuppen hergestellt, die, gedrechselt und »mit Teig poußiert« waren: Puppen, deren Gesichter mit Brotteig ausgeformt wurden. Schwarzmehl und Leimwasser wurden zu einer knetbaren Masse angerührt und dienten als plastisches Material für Gesichtsformen.
Leider ist von dieser Puppenart oder von den Teiggesichtern, den sogenannten »Puppenlarven«, kein einziges Stück erhalten geblieben. Warum, das soll eine kleine Erzählung verdeutlichen, die in der Chronik eines Sonneberger Exporthauses gefunden wurde: Um 1790 wurde eine ganze Kollektion dieser poußierten Puppen in einer Kiste verpackt und zum Versand gebracht. Doch die Puppen kamen niemals in ihrem Bestimmungsort New York in Nordamerika an. Die wochenlange Schiffsreise hatte einem Mäusepärchen genügt, für genügend Nachwuchs zu sorgen, der sich dann über die

26 Zeitgenössische Bleistiftzeichnung eines unbekannten Künstlers um 1895.

leckeren Brotteig-Puppen hermachte und keinen Krümel übrig ließ.

Holzschnitzer aus Berchtesgaden

Die Geschichte der Puppenherstellung und Puppenindustrie ist nicht vollständig ohne die Erwähnung der Holzschnitzer aus dem Berchtesgadener Land und dem Grödnertal in Tirol. Sie fertigten jahrhundertelang für Straßenhändler Küchenartikel, Schachteln usw. und auch einfache Holzpuppen. Holzpuppen aus dem Grödnertal haben bis in unser Jahrhundert hinein typische Merkmale, an denen sie sofort zu

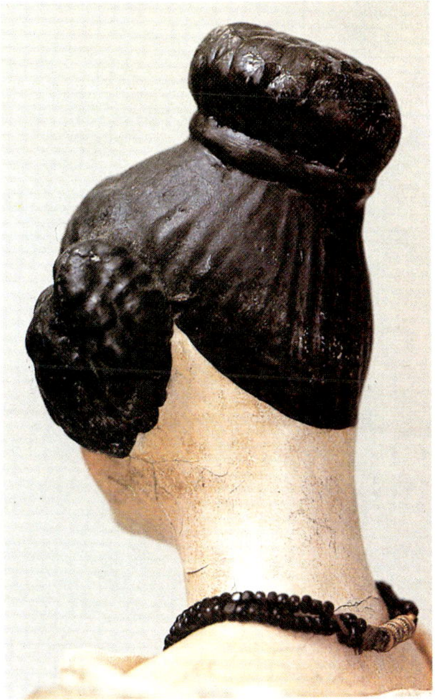

erkennen sind: der runde Kopf mit den aufgemalten schwarzen Haaren, die kleine, spitze aufgesetzte Nase, die aufgemalten Gesichtszüge und der verhältnismäßig lange, schlange Holzgelenkkörper. Diese Grödnertal-Puppen wurden auch von Nürnberger und Sonneberger Händlern aufgekauft und dann in alle Welt exportiert. Die Händler in und um Tirol konnten sich gegen diese übermächtigen Exporthäuser nicht durchsetzen, so daß die frühen Grödnertal-Puppen fälschlicherweise oft als Nürnberger Produkte angesehen wurden.

Erst um 1730, als sich die Holzschnitzer aus dem Salzburger Land in der Nähe von Nürnberg niederließen, wurden diese typischen Puppen auch hier hergestellt. Die Einwanderung wurde ausgelöst durch eine Auseinandersetzung zwischen der Berchtesgadener Bevölkerung und Erzbischof Leopold Anton, Graf von Firmian, der 1729 die protestantischen Christen unter Druck setzte und sie durch jesuitische Missionare zu bekehren versuchte. 1731 verwies der Erzbischof die Protestanten des Landes. Rund 30 000 Menschen verließen das Schreckensregime des Erzbischofs und verstreuten sich über Europa.

Die Emigranten hatten allerdings schwören müssen, sich nicht in Nürnberg niederzulassen, denn die zurückgebliebenen Berchtesgadener Kaufleute fürchteten die starke Konkurrenz der fränkischen Handelsmetropole.

So zogen einige Holzschnitzer und Handwerker zunächst nach Hannover, um sich dann später in der Nähe von Nürnberg niederzulassen und wieder ihrer Arbeit nachzugehen. In einer Nürnberger Chronik heißt es: »... der Magistrat (von Nürnberg) suchte einige davon in Altdorf unterzubringen; dieser Versuch war jedoch ohne Erfolg und erst drei Jahre darauf wagten sich einige dieser Emigranten in die Nähe der Stadt. Da diese Leute das bekannte Berchholsgadener Schnitzwerk zu fertigen verstanden, wurde ihnen wegen des größeren Holzvorraths Altdorf zum Aufenthalte angewiesen. Vierzehn Familien (59 Personen) trafen im Jahre 1735 ein und wurden von dem Magistrat nicht nur mit Geldvorschüssen, sondern auch mit Holz aus den öffentlichen Forsten unterstützt...«

Die Holzschnitzer fanden schnell Käufer für ihre Produkte. Da auch viele dieser kunstfertigen Handwerker in das Thüringer Land zogen und sich dort niederließen, kam es zu einer Konkurrenz zwischen Nürnberg und Sonneberg, aus der um 1850 Sonneberg als Sieger hervorging, kam es zu einer Parallel-Entwicklung für hölzerne Gebrauchswaren und Puppen zwischen Sonneberg und Nürnberg, die sich hauptsächlich auf Sonneberg konzentrierte. Erst sehr viel später konnte Nürnberg seinen Weltruf als Spielzeugstadt durch das Blechspielzeug wieder festigen. Dem Pioniermut der Berchtesgadener Holzschnitzer ist es zu verdanken, daß eine kommerzielle

Spielzeugindustrie heranwuchs, die fast zweihundert Jahre den Weltmarkt beherrschte.
Der Begriff vom »Nürnberger Tand' geht durch das ganze Land« wurde in dieser Zeit geprägt und galt lange Zeit ebenfalls für die Sonneberger Produktion.
Hier noch eine Beschreibung der Arbeitsweise der Holzschnitzer aus der Zeit um 1735 bis 1750:
»... Die mancherlei Arten von hölzerner Ware und Schachteln, die sie fertigen, wurde besonders von den Nürnberger Manufakturhändlern ihnen abgenommen und unter dem Namen »Nürnberger Spielwaren« weit und breit versendet.«

Die einzelnen Produkte, auch die Puppen, waren mit bunten Farben bemalt, die im Leimwasser angemacht wurden. Wenn sie trocken waren, wurden sie noch einmal mit Leim überstrichen und erhielten damit einen besonderen Glanz, aber Nässe konnten sie nicht vertragen. Die Farben lösten sich auf. August Schumann schrieb in seiner Handelsgeographie von 1807:
»... Ein jeder dieser Leute arbeitet mit den Seinen auf eigne Hand; dabei beobachten sie aber den Unterschied unter Schnitzern, Drechslern und Schachtelmachern ziemlich genau, und sehen sehr darauf, daß keinem Fremden ihre Kunst von ihnen gelernt wird...«

Das »Privilegium« der Sonneberger Kaufleute

Der wirtschaftliche Aufschwung, die Entdeckung der Weltmärkte brachte neue Handelshäuser hervor. In Sonneberg, so ist es in einem historischen Dokument nachzulesen, wurden 1789 einige Kaufleute mit dem sogenannten »Privilegium« ausgestattet, daß sie von Herzog Georg erhielten. Danach durften die 26 Kaufleute nur mit Spielwaren handeln, sie aber nicht selbst herstellen.

Die Namensliste dieser Kaufleute ist für Puppensammler so interessant, daß sie hier zitiert werden soll, denn in diesem wohl ältesten Wirtschaftsdokument der Stadt Sonneberg tauchen Namen auf, die bis weit in das 20. Jahrhundert hinein in der Puppenindustrie eine wichtige Rolle spielten:
»... als wirkliche Kaufleute werden anerkannt: Georg Michael Bischoff; Chr. Justus Heubach; Joh. Phil. Dressel; Joh. Andr. Liedel; Joh. Georg Herpichböhm; Joh. Oswald Metzler; Joh. Paul Bischoff; Joh. Georg Bauersachs; Joh. Kilian Diez; Joh. Gottlob Straßburgers Wittwe; Gottfried Liebermann; Friedrich Herpich; Heinrich Herpich; Marlin Bock; Joh. Philipp Escher; Joh. Paul Straßburger; Ernst Heubach; And. Gottlieb Bischoffs Wittwe; Joh. Heinrich Heublein und C.; Oswald Kiesewetter; Christoph Escherich; Gottfried Escher; Ferdinand Perpich; Wolfgang Motsch-

27 Verschiedene Holzpuppen-Typen, die aus dem 19. Jahrhundert stammen: stehend: 26 cm, um 1840 aus Gröden – sitzend: 29 cm, um 1875, von Joel Ellis (USA). Die kleinen Puppen im Vordergrund kommen aus Sonneberg und dem Grödner Tal.

mann; Joh. Ph. Motschmanns Wittwe, Wolfgang Motschmann; Joh. Philipp Schubert...«
Soweit man bei Handarbeit von einer Massenproduktion sprechen kann, trifft dies auf Küchengeräte, Schachteln, Schnitzwerk und Spielzeug einschließlich Puppen zu. Denn diese oben genannten Handelshäuser lieferten schon Ende des 18. Jahrhunderts ihre Artikel zentnerweise bis in den letzten Winkel der Erde.
Einer der damaligen großen Spielzeug-Exporteure war die Firma C. G. Müller in Sonneberg. Die Autoren hatten Gelegenheit, eines der Geschäftsbücher aus dem Jahre 1797, eine sogenannte »Strazza« durchzusehen. Dabei wurden folgende Puppenarten gefunden: Sendeltocken, Ziehdokken, Danzdocken, Tockengesichter, kleine Ziehdocken, Wickeldokken, Kronendocken, Dock-Berlichs, Staatsdamen und Pappendocken.
Man muß sich heute diese frühen Sonneberger Spielwaren sehr einfach und schlicht vorstellen, und im Gegensatz dazu dann die französische Produktion, die sich an Aufwand und Ausstattung übertraf.
Holzpuppen wurden hauptsächlich in Gröden, Berchtesgaden und Sonneberg hergestellt. Der große Bedarf der bürgerlichen Familien wurde aus diesen drei Zentren geliefert. Einzelne Handwerker in den Hauptstädten Englands und Frankreichs schnitzten nur Einzelstücke nach Auftrag.

Als 1854 auf der allgemeinen deutschen Industrieausstellung in München J. B. Purger aus St. Ulrich bei Gröden seine Produkte vorstellte, schrieb der königlich-württembergische Oberregierungsrat Dr. von Steinbeis der staatlichen Beurteilungskommission: »... er (Purger) hatte die bedeutendste Ausstellung in Gliederpuppen, unangestrichenen hölzernen Figuren, Hampelmännern und anderes Spielzeug. Gröden liefert diese Waren, hauptsächlich die Gliederpuppen, deren Glieder zum größten Theile aus der Drechselbank hervorgegangen sind, sehr billig, doch hat es darin eine bedeutende Konkurrenz in der Sonneberger Fabrikation. Die Nachfrage ist wegen der Zerbrechlichkeit dieser Puppen auf dem Kontinent in Abnahme gekommen, während der Bedarf für den Export immer noch bedeutend ist...«

28 Anzeige der Firma Franz Schmidt & Co., Georgenthal, aus dem Jahre 1902.

Die Grödner Gliederpuppen unterscheiden sich von den in Sonneberg gefertigten darin, daß sie ganz aus Holz sind, also auch aus Holz geschnitzte, lackierte Köpfe haben, während die Sonneberger Gliederpuppen meistens mit Köpfen aus Papiermaché ausgestattet wurden.
Die Firma Julius Dorst in Sonneberg gehörte zu den wenigen Thüringer Holzpuppen-Werkstätten, die auch geschnitzte Köpfe anbot. 1878 hieß es in einer ihrer Angebotslisten: »kleine Steifgelenkpuppen mit geschnitzten Köpfen aus Holz.«

An die maschinelle Herstellung von Puppenköpfen aus Holz hatte um die Jahrhundertwende niemand zu glauben gewagt, bis 1898 die Firma Franz Schmidt & Co., Puppenfabrik in Georgenthal/ Thüringen ihr neues Patent unter der Nummer DRP 78 281 vorstellte. Jahrelange, kostspielige Versuche waren endlich von Erfolg gekrönt: Franz Schmidt stellte eine Maschine vor, die Puppenköpfe nach künstlerischen Modellen anfertigen konnte.

Zur Herstellung einer Holzpuppe benötigte die Fabrik nach einer internen Aufstellung: zwei Oberarme, zwei Unterarme, zwei Armkugeln zwischen Ober- und Unterarm, zwei Oberschenkel, zwei Beinkugeln für die Kniegelenke, eine Halsschüssel zum Bewegen des Kopfes, je zwei Arm- und Beinschüsseln zum Bewegen der Glieder. Hinzu kam der hand- oder maschinengeschnitzte Kopf.

Zusammenfassend kann konstatiert werden: Puppen aus Holz hat es schon immer gegeben.
Die Sonneberger Holzpuppen oder -docken waren bis Mitte des 19. Jahrhunderts primitiv und einfach gearbeitet. Sie bestanden größtenteils aus einem Stück gedrechseltem Holz.
Die Puppen aus dem Grödnertal hatten hölzerne Gliederkörper und die Gesichter kleine, aufgesetzte Nasen.
Holzköpfe wurden auch mit Körpern aus Stoff oder Leder versehen, der Balg war mit Kleie oder Sägemehl gefüllt.
Holzpuppen aus Frankreich oder England wurden hauptsächlich für die Fürstenhöfe oder reiche Bürgerfamilien als Einzelstücke von einigen wenigen Meistern hergestellt (und mußten entsprechend teuer bezahlt werden).
Die meisten heute gehandelten alten englischen Holzpuppen können ihre Festlandsherkunft nicht verbergen. Sie stammen hauptsächlich aus dem Grödnertal oder aus Berchtesgaden, manchmal aus dem Nürnberger oder Sonneberger Raum. Die letzteren hatten keine typischen Merkmale, an denen man sie erkennen könnte.

29 Folgende Doppelseiten: Kopf einer Wachspuppe – Montanari-Typ – mit blauen Glasaugen, blonde Mohairperücke, die büschelweise eingesetzt ist. Die Puppe hat einen Stoffbalg und ist 46 cm groß (um 1860).

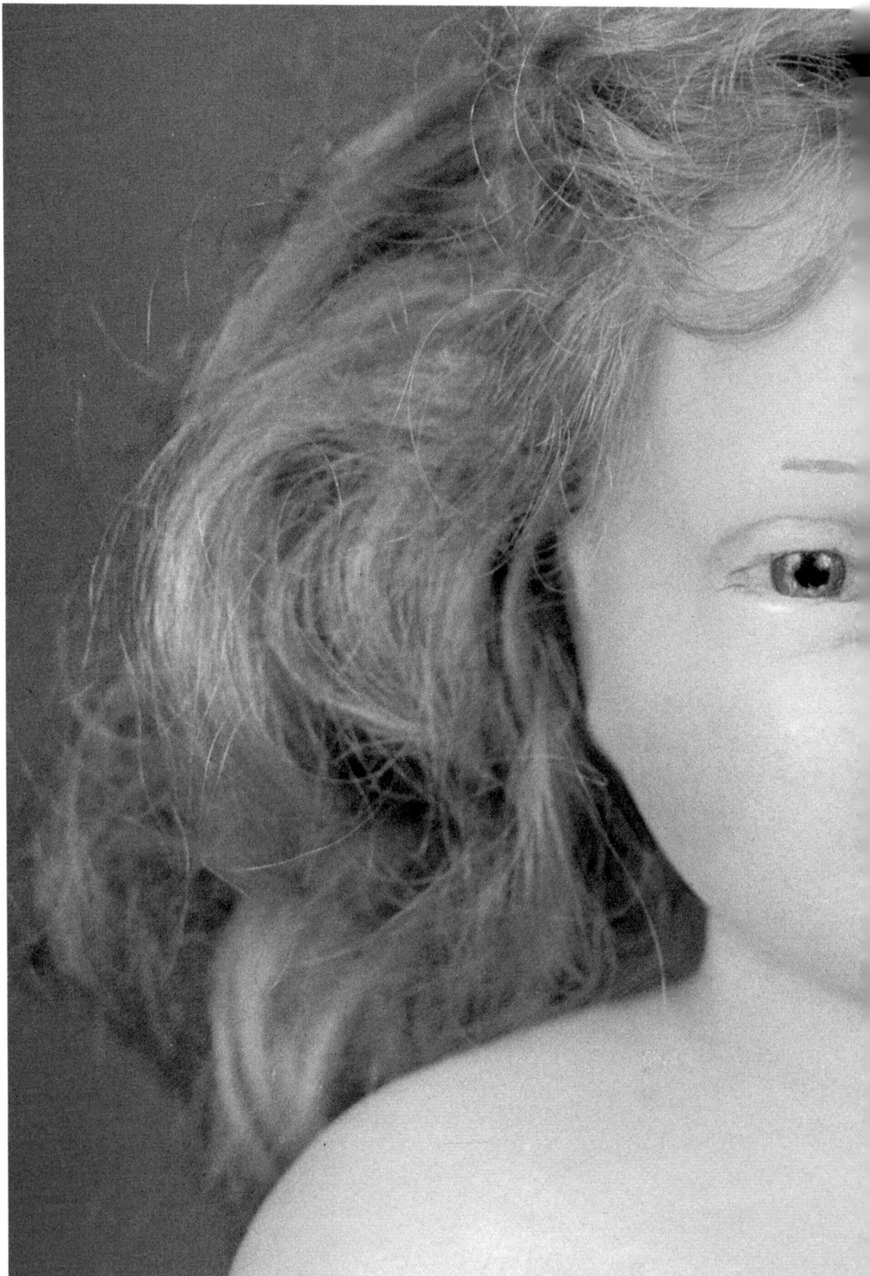

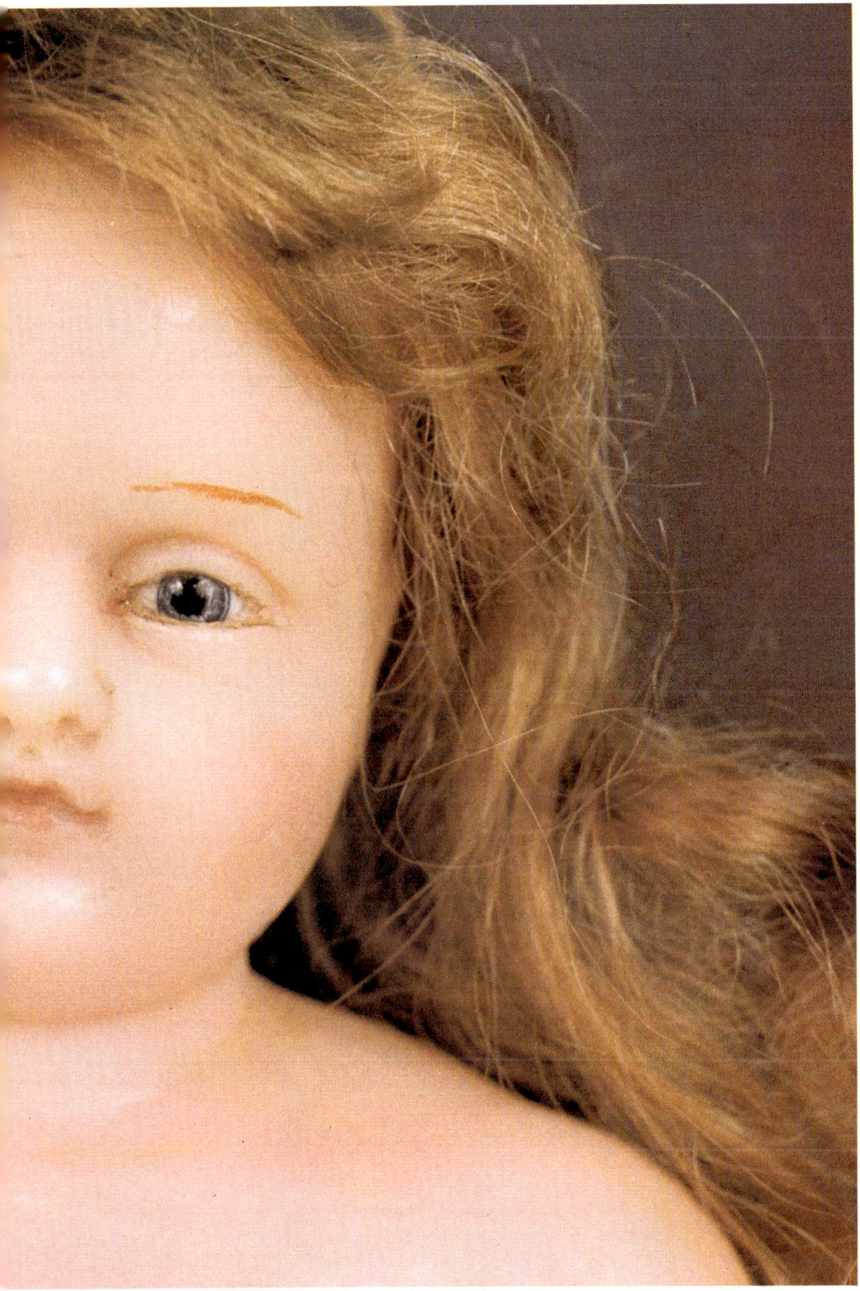

Wachspuppen

Von der Wachsbildnerei zum Puppenkopf

Die Geschichte der Puppe ist bestimmt von dem Wunsch, die Gesichter so natürlich wie möglich zu gestalten. Man versuchte sich an allen möglichen Materialien und benutzte auch Wachs, das seit dem Mittelalter besonders populär geworden war. Es hatte besondere Eigenschaften, die für die plastische Gestaltung geeignet waren: im heißen Zustand war es gießbar, im warmen Zustand knetbar und bei normaler Temperatur fest und nicht leicht zu verändern.

Die Wachsbildnerei hatte ihren Ursprung, unabhängig vom geographischen Standort, im religiösen Kunsthandwerk. Zur Modellierung von Figuren wurde es im 18. Jahrhundert immer beliebter. Bayerische Wachsbossierer machten sich einen Namen durch die Kunstfertigkeit, kleine Figuren, Dioramen, Familienbilder und Landschaften herzustellen. Die Wachsbildner hatten sich in und um Würzburg, Augsburg, München und nur einige wenige in Nürnberg niedergelassen. Im Jahre 1807 konnte man in Nürnberg den Beruf der Schönbartmacher finden, die mehrere Arten von Masken und Puppenköpfen bzw. -gesichtern aus Wachs anfertigen konnten. Selbstverständlich gab es ähnliche handwerkliche Berufe auch in England und Frankreich. Das für Puppenköpfe benutzte Material besteht aus vier Teilen Wachs, drei Teilen weißem Terpentin, etwas Baumöl oder Schweinefett und wird gewöhnlich mit Mennige, Zinnober oder Volvus rot gefärbt, um die gewünschte Undurchsichtigkeit zu errei-

30 Wachspuppe mit Stoffkörper und blauen Glasaugen, Hersteller unbekannt, 45 cm (um 1850).

chen. Ende des 19. Jahrhunderts verwendete man für die Herstellung von Wachspuppen auch Paraffin und Ceresin.
Wachspuppenköpfe wurden bis 1850 von Hand frei modelliert. Erst dann benutzte man in der industriellen Produktion Formen, die das Gießen der Wachsmasse zu sogenannten »Modellköpfen« ermöglichten. Der Vorteil gegenüber der bisherigen Methode bestand darin, daß die Gesichtszüge haltbarer waren. Einige Hersteller legten die hohlen Köpfe wegen der größeren Haltbarkeit innen mit dünnem Papier aus (kein Papiermaché!).

Der Wachshohlguß zur Formung von Puppenköpfen und Gliedern setzte einige Fertigkeit voraus. In eine mit Wasser getränkte Gipsform wurde flüssiges Wachs (hier Paraffin) gegossen, versetzt mit Karnabauwachs (Pflanzenwachs), das die Masse härten sollte. Nachdem sich durch langsames Abkühlen eine dünne Schicht aus Wachs gehärtet hatte, wurde das übrige noch flüssige Wachs in den Gießtopf zurückgegossen. In der Form blieb das fest gewordene Wachs, das in lauwarmem Zustand entnommen wurde. Der Puppenkopf konnte dann zum Erkalten und Festigen in Wasser gelegt werden.

31 Montanari-Wachspuppe mit Stoffkörper, blauen Augen, Glieder aus Wachs, blonde Perücke wurde büschelweise eingesetzt, 50 cm (um 1860).

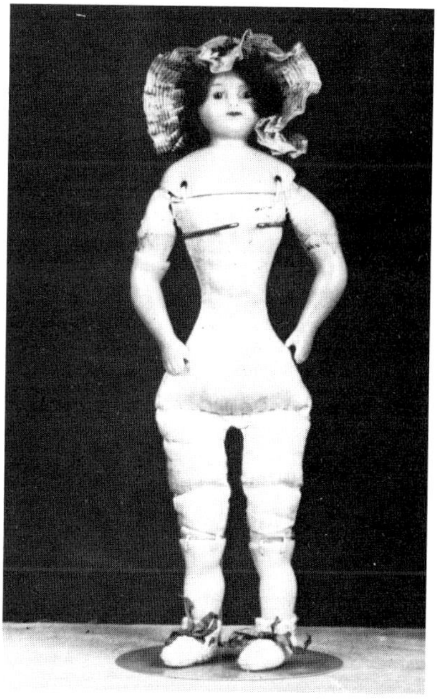

32 Wachspuppe mit Stoffkörper, blauen Glasaugen, büschelweise eingesetzter Perücke, 40 cm (um 1865).

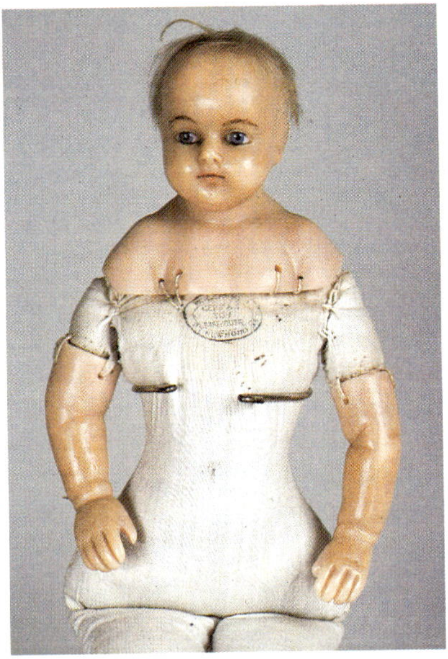

33/34 Montanari-Wachspuppe mit blauen Glasaugen und büschelweise eingesetzter blonder Perücke, Stoffkörper. Die Puppe ist unter dem Brustansatz mit dem Schriftzug »Montanari« gezeichnet, der Stempel auf der Brust nennt das englische Kaufhaus, das sich auf deutsche (!) Spielwaren spezialisiert hat. Größe: 47 cm (um 1870).

35 Montanari-Wachspuppe mit Lederkörper, Glasaugen, büschelweise eingesetzter Perücke, modellierten Wachsgliedern, Beine mit Schuhen modelliert, 36 cm (um 1860).

36 Pierotti-Wachspuppe mit blauen Glasaugen, büschelweise eingesetzter Perücke, sehr stark getönter rosafarbener Haut, 50 cm (um 1880).

37 Wachspuppe mit Steifgelenkkörper aus Wachs (sehr selten), vermutlich deutscher Hersteller, ohne Spielspuren, original gekleidet, 41 cm (um 1900).

Sollte das Wachs eine bestimmte Fleischfarbe erhalten, so mußte das Farbpulver bei 60° Wärme dazugegeben werden. Damit die dünne Wachsschicht eine noch bessere Festigkeit erhielt, konnte der Hohlkopf auch mit einer dünnen Gipsmasse ausgegossen werden. Diese Gipsschicht durfte nur wenige Millimeter stark sein, da der Kopf sonst zu schwer wurde. Als Farben zum Bemalen eines Puppenkopfes diente Leimfarbe, die mit Ochsengalle versetzt war. Zur damaligen Zeit war Ochsengalle als Bindemittel sehr beliebt und im Handel in kristallisierter und gereinigter Form zu erwerben. Erst im 20. Jahrhundert wurde zur Bemalung von Wachspuppen Öllack und Zelluloselack verwendet.
Wachspuppen sind also Puppen, bei denen der Kopf aus Wachs hergestellt ist, entweder als Massivkopf, als Hohlkopf oder als Hohlkopf mit dünner Papier- oder Gipsmasse »unterzogen«. Auch die Glieder, also Arme und Beine, können aus Wachs hergestellt sein, wurden jedoch ab 1850 bei Wachspuppen häufig aus Porzellan gemacht. Wachspuppen wurden in Deutschland nachweisbar bis Anfang 1920 produziert.

Montanari – weich und rund

Unter den Wachspuppenherstellern nehmen die beiden Firmen Montanari und Pierotti einen besonderen Platz ein.
Im offiziellen Bericht über die Weltausstellung von 1851 in London heißt es über die Puppenfamilie Montanari: »... Augusta Mon-

tanari, London. Die Ausstellerin hatte das schönste und bemerkenswerteste Sortiment von Puppen in der ganzen Ausstellung geliefert. Es besteht aus einer Serie von Frauen und Kindern jeden Lebensalters in kleine Familien gruppiert. Sämtliche Puppen sind nach dem Leben modelliert, Haare, Augenbrauen und Wimpern sind einzeln in das Wachs eingesetzt und machen in der Tat einen überraschenden Eindruck... Der sehr hohe Preis dieser Puppen jedoch macht dieselben nur den Kindern reicherer Stände zugänglich.«
Bisher wurde in der Puppenliteratur eine interessante Einzelheit dieser Ausstellung verschwiegen: »... Dieselbe Ausstellerin hatte in einem neben dem Hauptschranke befindlichen Kasten eine Sammlung von Lumpenpuppen (rag dolls) ausgestellt, die wegen des Materials, aus dem sie angefertigt werden, Erwähnung verdienen. Ausschließlich aus Lumpen und Lappen bestehend, lassen sich diese Puppen zu ziemlich niedrigen Preisen herstellen und eignen sich, da sie überdies in hohem Grade dauerhaft sind, ganz vortrefflich für die Kinderstube...«
Die Montanaris waren mit ihrer Kunst, schöne Wachspuppen herzustellen, weit über die Grenzen hinaus bekannt. Augusta Montanari empfing die Käufer aus den europäischen und nordamerikanischen Ländern in ihrer Werkstatt in der Upper Charlotte Street am Fitzroy Square in London. Um 1850 hatte sie ein großes Firmenschild über dem Eingang angebracht: »Modellwachspuppen-Herstellerin«. Ihr Ehemann Napoleon war Modelleur und Bildhauer und hat wohl alle Montanari-Köpfe entworfen. Im Jahre 1870 fand man im Londoner Adreßbuch einen Richard Montanari, Sohn der Augusta M., der sich als Wachspuppenmacher empfahl.

38 Zeitgenössische Darstellung um 1830.

Montanari-Puppen sind für den Sammler leicht erkennbar: typisch sind der warme Ausdruck des Wachses, die einzeln eingesetzten Haare auf dem Kopf, ein kleiner runder Mund, blaue Augen mit langen Wimpern, runde und mollige Arme und Schultern.
Als Firmenzeichen von Montanari ist auf einigen wenigen Puppen der Namenszug gefunden worden. Andere aufmerksame Sammler haben auf der Innenseite der Schulter bei manchen Puppen ein eingeritztes »M« registriert, vermutlich ein Zeichen, daß die vielen Plagiate aus England und Thüringen nicht hatten und nur dem Kenner die »echte« Montanari offenbarten.

Pierotti – nicht so rundlich

Die Wachspuppen-Hersteller-Familie Pierotti wird von Experten mit den Montanaris in einem Atemzug genannt. Die Pierottis lebten ebenfalls Anfang des 19. Jahrhunderts in London. Ihr Geschäft soll schon 1790 gegründet worden sein. Enrico Pierotti war stolz darauf, Wachspuppen nach Modellen formen zu können. In einer Geschäftsanzeige versprach er: »Wenn mir junge Damen Haare von dem eigenen Haar einsenden, kann ich sie auf der Perücke befestigen...«
Die Pierotti-Babies hatten kurze Haare und sind insgesamt schlanker, also nicht so rundlich wie die Montanari-Puppen. Die Erzeugnisse beider Hersteller haben gemeinsame Merkmale: modellierte Wachsköpfe, ausgestopfte Körper aus Ziegenleder, befestigt mit starken Fäden am Brustkopf und an den Bein- und Armeinsätzen.
Während die französische Industrie keine Modellwachsköpfe herstellte, versuchten Firmen in Thüringen, sich dem neuen Trend anzuschließen. Besonders für den Export (wegen des leichten Gewichts) eigneten sich die schönen Modell-Wachsgußköpfe der Thüringer Firmen Philipp Samhammer, Barbara Schilling, Adolf Wislizenus, Cuno & Otto Dressel, Louis Lindner & Söhne (die auch für die Sonneberger Staatsdamen bekannt waren). Alle diese deutschen Firmen versuchten mit mehr oder weniger Erfolg, die Qualität der englischen Wachspuppen zu erreichen. Viele Nachbildungen werden heute noch englischen Herstellern zugeschrieben.

Zu den frühen deutschen Wachspuppenherstellern gehörte die Wachswarenfabrik W. Kraatz, die 1844 auf der Gewerbeausstellung in Berlin »Wachspuppenköpfe, Arme, Beine, ganze Kinder und Wachspuppen in Glaskästen« vorstellte. Für einen Sammler ist es heute nahezu unmöglich, festzustellen, welche frühe deutsche Wachspuppe von welcher Fabrik oder welchem Hersteller fabriziert worden ist. Typische Merkmale sind nicht vorhanden, denn meist wurden sie für den Export als Auftragsarbeit hergestellt; und der Auftraggeber bestimmte, wie die Puppe auszusehen hatte.

Papiermachépuppen

Bossierer Müller verwendet Papiermaché

Die Sonneberger Spielwaren wurden um 1800 entweder aus Holz oder aus Brotteig hergestellt. Dieser Brotteig aus Schwarzmehl, Leim und Wasser war nicht sehr widerstandsfähig gegen feuchte Luft und Wasser, und damit für den Seetransport völlig ungeeignet.
»Waren die capitolinischen Gänse für Rom ein Sporn zur Wachsamkeit, so waren die Brotteigspielwaren fressenden Mäuse für Sonneberg eine Ursache der Strebsamkeit und des Nachdenkens, mittelbar ein Hebel des Fortschritts«, so formulierte es einmal der große alte Mann der Sonneberger Spielwarenindustrie, Adolf Fleischmann.

In Frankreich und Österreich war das Papiermaché schon lange bekannt und in vielen Bereichen verwendet worden. In Wien bestanden 1811 bereits Fabriken mit 197 Arbeitern, die hauptsächlich Galanteriewaren aus Papiermaché herstellten.
Es ist also nicht der Bossierer Friedrich Müller gewesen, der das Papiermaché erfunden hat, wie irrtümlich oft nachzulesen ist. Er

39 Nonnen-Puppe aus Papiermaché, Körper und Glieder aus Ziegenleder, gemalte Gesichtszüge. Sie trägt die Tracht eines französischen Ordens mit Malteserkreuz. 34 cm (um 1850).

40/41 Papiermaché-Puppe mit Stoffkörper, modellierter Frisur mit Haarkrönchen, Lockentuffs über den Ohren, gemalte Gesichtszüge, vermutlich aus Sonneberg, 55 cm (um 1820 – sehr frühes Exemplar), Originalkleidung.

42/43 Papiermaché-Puppe mit gemalten Gesichtszügen, modelliertem Haar und zwei angeklebten Seitenlocken, Arme und Beine aus Holz, Lederkörper, vermutlich Sonneberg, 40 cm (um 1830), Originalkleidung.

hat aber mit seinem Bruder zusammen um das »Privileg« nachgesucht, diese für die thüringische Spielwarenindustrie neuartige Masse gewerbsmäßig zu verarbeiten. Die Genehmigung erhielt er am 16. Juli 1805 von der Herzogin von Sachsen, Luise Leonore, mit der folgenden Urkunde:
»Wir, Luise Leonore, verwittwete Herzogin zu Sachsen, geborene Fürstin zu Hohenlohe Langenburg, Obervormünderin und Landesregentin, haben auch Euren in Lintruch der von den Bossierern Gottlieb und Johann Friedrich Müller zu Sonneberg nachgesuchten Konzession zur Verfertigung und zum Verkauf Papiermachéren Waaren unterm 20. v. M. erstatteten uns vorgetragenen Bericht die Entschließung gefaßt, den Supplikanten auf ihre Lebenszeit das Privilegium zu gewähren, mit den von ihm verfertigten benannten Fabrikwaaren zu handeln...«
Mit dieser offiziellen Erlaubnis, und eine solche schrieben die Zunftregeln damals vor, hat Johann Friedrich Müller mit seinem Bruder Gottlieb die Weichen für eine industrielle Revolution in der Sonneberger Spielzeug-Industrie gestellt, die zu einer marktbeherrschenden Stellung der Sonneberger führen sollte.
Zunächst wurde von den beiden Brüdern das Papiermaché nur zur Herstellung von Ornamenten, Spiegelverkleidungen, Galanterie-

44 Auf einer Abbildung der Familienzeitschrift »Gartenlaube« um 1880 ist neben der damals typischen Sonneberger Spielpuppe eine Reihe Puppentypen japanischer Herkunft zu erkennen.

waren usw. verwendet. Das Papiermaché mußte von Hand frei geformt und bearbeitet werden. Erst zwischen 1818 und 1820 hat Friedrich Müller rationelle Formen entwickelt, in die die Masse gedrückt werden konnte.
Nach dem Drücken wurde das geformte Papiermaché aus der Form genommen und an einem sogenannten »Grude«-Ofen oder an der Luft getrocknet. Die überstehenden Nähte wurden mit dem Messer entfernt und der Puppenkopf mit Sandpapier vorsichtig nachgeschliffen. In einem weiteren Arbeitsgang wurden diese Kopf-Rohlinge bemalt und mit einer besonderen Masse, deren Zusammensetzung Betriebsgeheimnis war, oder Wachs überzogen.
Mit dem Papiermaché, das in der Puppenindustrie für lange Zeit nur in Thüringen Verwendung fand, konnten immer kleinere und feinere Gegenstände und Figuren geformt werden. Durch die Beimengung von Zement wurde die Masse noch härter und fester.
Adolf Fleischmann, Sonneberger Spielzeughersteller, genannt der »Russe«, ging mit seinen Puppen und Spielzeugen als einer der ersten auf die damals stark beachteten Gewerbe- und Weltausstellungen. So erregte er in Berlin 1844 auf der zweiwöchigen Gewerbeausstellung großes Aufsehen mit seinem berühmt gewordenen Gulliver, einer plastischen Darstellung aus Papiermaché. Die Figuren waren nur wenige Zentimeter groß, ausschließlich aus Papiermaché gefertigt, und mit viel Liebe zum Detail bemalt.

45 Aus einem alten Musterbuch von Louis Lindner, Sonneberg, aus dem Jahre 1880: Täuflinge von Papiermaché mit Glasaugen und Häubchen, 20 bis 50 cm groß, auch ›Barfüßler‹ genannt, mit Zugstimme, rufend »Papa«, »Mama« und »Mimi«.

Seine Puppen aus dem gleichen Material, die zwischen 1820 und 1850 fabriziert wurden, waren einfach in Form und Verarbeitung. Einen wesentlichen Anstoß in der Weiterentwicklung der Puppenindustrie gab die Reise des Sonneberger Kaufmanns Edmund Lindner 1851 zur Weltausstellung nach London. Hier sammelte er viele neue Eindrücke, die er später in seiner Werkstatt zu verarbeiten gedachte. Auf der Rückreise sah er im Rheinland eine völlig neuartige Puppe, die offensichtlich aus Japan stammte.

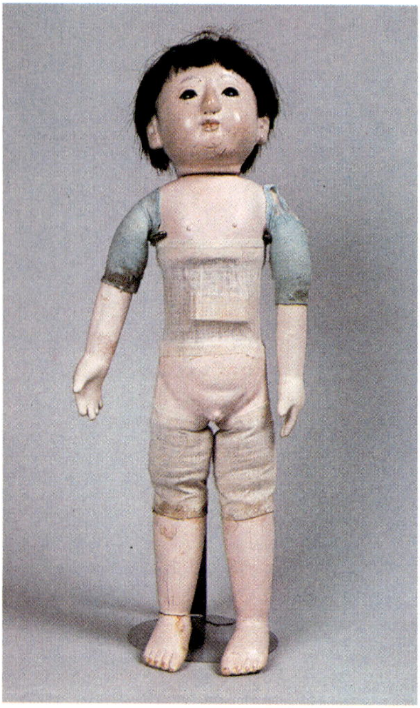

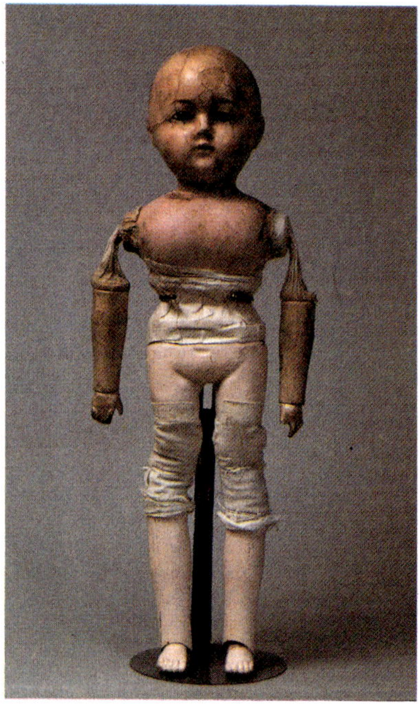

46 Japanische Puppe mit Quietschstimme um 1900. Dieser Puppentyp war die Vorlage des 1851 in Sonneberg eingeführten »Täuflings«.

47–51 Sonneberger Täufling, Motschmann-Typ, Papiermachékopf, wachsüberzogen, mit braunen Glasaugen, gemalten Seitenlöckchen, Quietschstimme, 45 cm (um 1855). Beachtenswert ist der Vergleich mit dem japanischen Puppentyp (Bild 46), die Art der Körperfertigung ist fast identisch.

Der »Täufling« wird geboren

Lindner ließ diese Puppe in Sonneberg sofort aus Holz »nachbauen« und der weltberühmte »Sonneberger Täufling« war geboren. Täufling wird die Puppe deshalb genannt, weil sie, wie ein Täufling, nur mit einem Hemdchen bekleidet war. Diese Puppen waren noch gelenkiger als die mit den bis dahin bekannten Holzdockengelenken von 1820, weil sie sogar ihre Hände und Füße bewegen konnten. Unterarm und Unterschenkel bildeten zylindrische Schäfte, in denen Hand und Fuß mittels Draht so lose befestigt wurden, daß man sie bequem seitlich drehen konnte. »Eingehängte Gliedmaßen« lautete die technische Bezeichnung für diese Art der Zusammensetzung.
Den ersten Täuflingen aus Papiermaché war kein großer Durchbruch gelungen. Zum durchschlagenden Erfolg kam es aber erst, als der Sonneberger

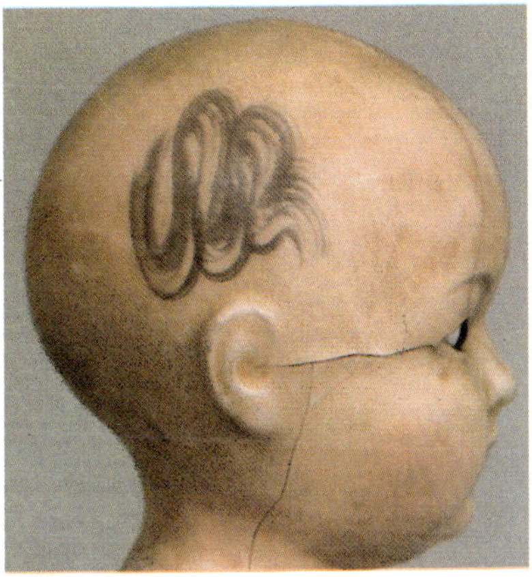

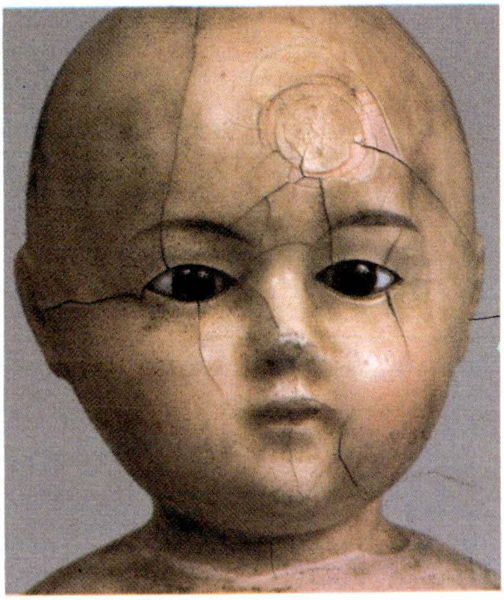

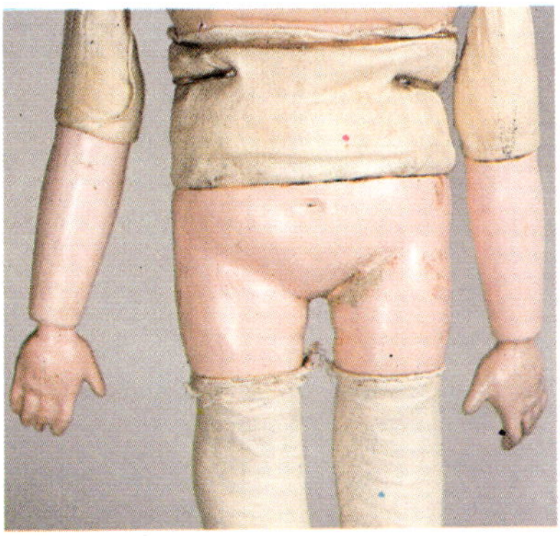

Heinrich Stier das Geheimnis der Wachsverarbeitung in England erfahren konnte. Dazu nahm er eine Beschäftigung bei einem der führenden Wachspuppen-Hersteller an – vielleicht waren es die Montanaris – und blieb so lange, bis er alles erfahren hatte. Zunächst ging er als Unternehmer nach Amerika, kehrte aber bald nach Sonneberg zurück und nahm hier die Produktion auf. Bei seinen Versuchen fiel ihm ein Fingerhut in die Wachslösung, und als er ihn herauszog, war er ganz mit Wachs überzogen, das beim Erkalten hart wurde. Dabei kam er auf den Gedanken, Wachs als Überzug für Papiermachéköpfe zu benutzen. 1852 gründete er die Puppenfabrik von »wachsierten Papiermaché-

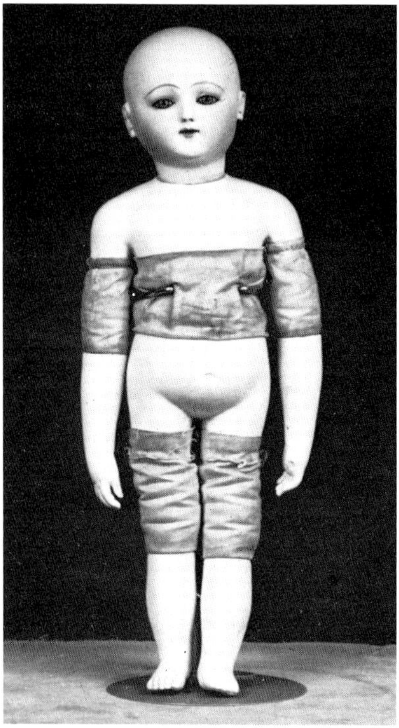

52 Der französische Puppenhersteller Jules Nicholas Steiner benutzte auch für seine Biskuitpuppen die Körper-Machart des Sonneberger Täuflings, der seinen Ursprung in einem japanischen Vorbild hat. Größe: 37 cm (um 1860).

täuflingen«, die durch Eintauchen der mit Fleischfarbe grundierten Masseköpfe und Glieder in eine Wachsmischung hergestellt wurden. Durch Weizenpuder bekamen die Köpfe eine matte, der menschlichen Haut ähnliche Farbe, und die nachfolgende Bemalung vervollständigte das Puppengesicht. Adolf Fleischmann, selbst Puppenfabrikant, aber auch pedantischer Chronist seiner Heimatstadt Sonneberg, vermerkte in seinem Tagebuch »... und warf deren Produktion dem ersten Fabrikanten Heinrich Stier glänzenden Nutzen ab und machten ihn innerhalb 15 Jahren zum reichen Manne.«
Eine zweite grundlegende Erfindung Stiers waren die mechanischen Schlafaugen, die er Mitte der 50er Jahre bei vielen seiner Puppen verwendete. Schlafaugen waren schon aus der französischen Puppenindustrie bekannt, aber Heinrich Stier konnte das Verfahren vereinfachen und wirkungsvoller lösen. Die Schlafaugen schlossen sich, sobald die Puppe in eine waagerechte Lage gebracht wurde. Künftig konnte man auf den Schnurzug verzichten.
Noch war Stier mit der Frisur seiner Puppen nicht zufrieden. Er ließ als erster Puppenfabrikant die Haare von einer Friseuse frisieren. Anfangs benutzte sie das teure Menschenhaar, dann das Haar der Angora-Ziege, »Mohair«, aber aus Stiers bald reichhaltigem Angebot konnte man auch Puppen mit Frisuren aus Heidschnuckenfell bestellen.

Erfolgreich waren Stiers spätere Versuche, den Puppenkopf, der im Kern aus Papiermaché bestand und mit Wachs überzogen war, auch noch waschbar zu machen. Die verschiedensten Lösungen wurden zum Patent angemeldet, vom Honigwasser bis zum Knochenleim. Heinrich Stier gelang eine Mischung, die er 1878 gesetzlich schützen ließ und die sich hervorragend für den Export eignete: die Puppenköpfe widerstanden jedem Klima, schmolzen nicht

in der tropischen Sonne und wurden auch bei grimmiger Kälte nicht brüchig.
Stier war der wohl erfolgreichste Wachspuppenhersteller in Sonneberg. Er belieferte hauptsächlich England und hatte schon um 1860 ein eigenes Musterlager in London eingerichtet. Nach einer Aufstellung, die einer seiner Korrespondenzen beigefügt war, konnten in dem Londoner Musterzimmer besichtigt werden: Gelenkpuppen-Damen und Baby-Köpfe, schwarze Lederpuppen mit Negerköpfen, Lederpuppen-Damen und Baby-Köpfe, Nursing-dolls, Puppen mit Körben, Kappen usw., Puppenköpfe waxed and assorted, Sharpshooters, Ulanen, Turks, Harlekine, Damen mit Kappen und Lokken, Babies mit offenem Mund, wachsüberzogen usw.

Viele der heute als »Original englisch« deklarierten Wachspuppen stammen aus der Werkstatt von Heinrich Stier. Sie wurden eigens für den englischen Verbraucher hergestellt, denn Stier verkaufte seine Wachspuppen nur nach England und Amerika, sowie in die englischen Kolonialgebiete. Deshalb auch sein großes Exotenangebot im Londoner Lager – eine Konzession an die Kolonialmacht.

Im Jahre 1894 meldete der Modelleur Martin Heidler nach langen Versuchen eine gießfähige Papiermaché-Masse zum Patent an, die nicht mehr in Formen gedrückt werden mußte.
Bei Beobachtung der Gießmasse für Porzellan in den Gipsformen kam ihm die Idee, auf ähnliche Weise Papiermaché-Masse zu verarbeiten. 1898 setzte er das Ergebnis seiner Erfindung in die Praxis um, und viele Sonneberger Puppenfabriken übernahmen das Patent. Die Bestandteile seiner Gießmasse waren Tonerde, Lumpenpapier, tierischer Leim und Soda. Gegossen wurde in Gipsformen. Gips ist der Stoff, der am besten in der Lage ist, das Wasser aus dem Massebrei aufzunehmen. Die Masse verdickt sich und setzt sich an der Gießforminnenwand als immer stärker werdende Schicht ab. Je nach gewünschter Stärke läßt man den Papierbrei kürzere oder längere Zeit anziehen, ähnlich wie bei der Porzellanpuppenkopf-Herstellung.
Die neue Masse fand viele Abnehmer. Sie war schnell zu verarbeiten, leichter und billiger als Papiermaché herkömmlicher Art und hatte eine stärkere Festigkeit.
Puppenköpfe aus Papiermaché, nach japanischem Vorbild mit Wachs überzogen, wurden hauptsächlich von Heinrich Stier, Charles Motschmann und Edmund Lindner hergestellt.
Typisch sind die sogenannten Motschmann-Babies: Täuflinge mit angemalten, welligen Haaren an den beiden Kopfseiten.
Diese Puppenart ist wegen ihres großen Erfolges sehr bald kopiert worden, so daß heute nicht mehr genau festzustellen ist, welche dieser Motschmann-Typen aus welcher Werkstatt stammen. Sie wurden nur in den seltensten Fällen mit Firmen- oder Markenzeichen versehen.

Porzellanpuppen

»Weißes Gold« für Puppenköpfe

Bis Porzellan, das »weiße Gold« des 18. und 19. Jahrhunderts, für die Puppenindustrie entdeckt wurde, war seine Herstellung bereits unproblematisch.
Der Thüringer Wald mit seinen Tagelöhnern und Heimarbeitern bot ideale Voraussetzungen für die sich schnell entwickelnden Manufakturen: Wald und Holz zum Heizen der Brennöfen und kaolinhaltige Erde zur Gewinnung des Porzellans waren reichlich vorhanden.
Mit der neuen modellierbaren Masse war auch die Möglichkeit gegeben, feste, plastische Erzeugnisse herzustellen.
Die Porzellanindustrie produzierte neben dem Gebrauchsgeschirr auch figürliches Porzellan, das in den Fayencen seinen Höhepunkt fand. Bis zur Verwendung in der Puppenindustrie war der Weg nicht mehr weit.
Vermutlich war es eine der großen königlichen Manufakturen, die erste Versuche unternahm, aus weißem Porzellan Puppenköpfe herzustellen. Belegt ist, daß 1845 auf der Gewerbeausstellung in Wien

53 Zwei »117 A« von Kämmer & Reinhardt (23 cm und 45 cm). Von diesem Typ gibt es fünf verschiedene Größen.

die Firma Lippert und Haas und die Porzellanfabrik Schlaggenwald im Rahmen ihrer Fertigung auch Puppenköpfe aus Porzellan vorstellten.
Aber auch Berlin, Nymphenburg und Meißen sollen in dieser Zeit bereits erste Puppenköpfe angeboten und ausgestellt haben.
Diese ersten Köpfe aus Porzellan wurden fabrikmäßig in Deutschland, vor allem in den großen Puppenfabriken von Hamburg, Hannover, Berlin und Wien weiterverarbeitet. In Frankreich hatte man sich schon einige Jahre früher mit dem Problem beschäftigt, wie Porzellan für die Spielzeugherstellung und damit auch für Puppen genutzt werden könnte. Sèvres nahm als erstes die Herstellung auf, kleinere Fabriken schlossen sich an.
Die ersten Puppenköpfe aus Por-

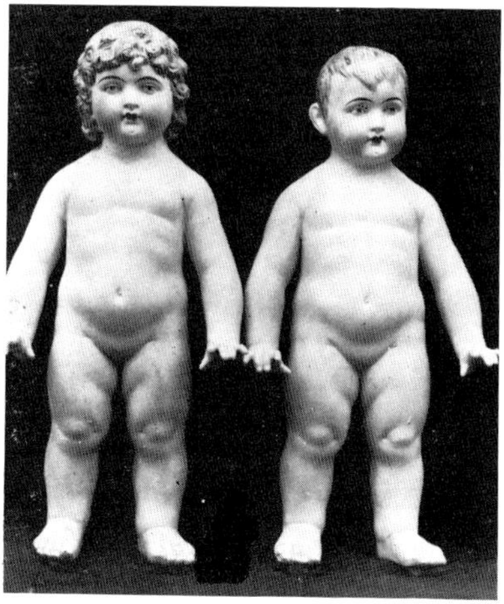

54 Brennofen in einer Thüringer Porzellanfabrik, in der Puppenköpfe hergestellt wurden (um 1925).

55 Musterblatt aus einem Firmenkatalog der Porzellanfabrik F. & W. Goebel, Oeslau (bei Coburg), das ungewöhnliche Badekinder aus Porzellan zeigt.

56 Augeneinsetzer in der Porzellanfabrik.

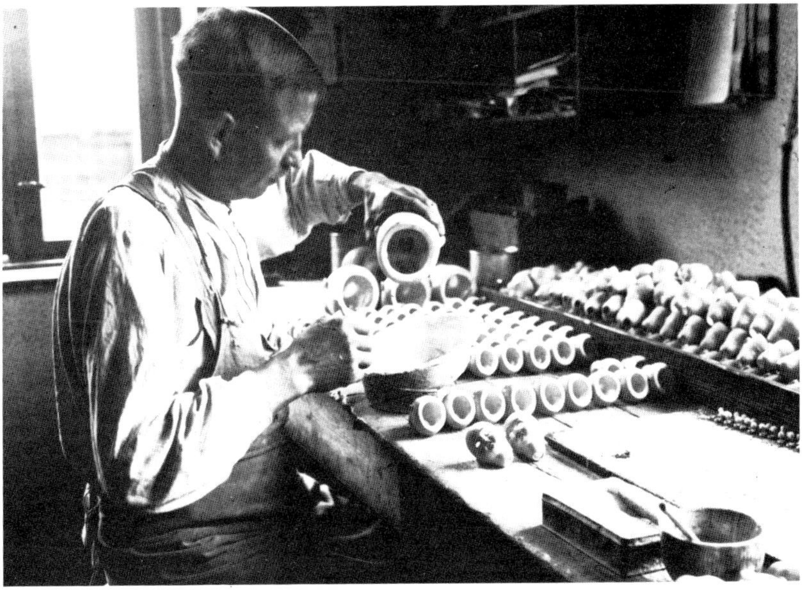

zellan waren weiß, glasiert und für damalige Verhältnisse einfach bemalt. Die Grundmasse bestand aus unschmelzbarem, weißem Ton (Kaolin oder Porzellanerde) und einem glasartigen schmelzbaren Zusatz, dem sogenannten Feldspat, unter Beifügung – je nach firmeneigener Mischung – von Quarz, Kreide oder Gips. Diese Glasur wurde nicht mit Blei- oder Zinnoxid versetzt.

Die ersten Biskuitköpfe

Französische Fabriken haben Biskuitköpfe für Puppen als erste in Europa angeboten. Zwar wurde behauptet, daß die ersten Biskuitköpfe von Thüringen nach Paris an die dortigen Puppenfabriken geliefert worden seien, aber hier ist wohl der Wunsch der Vater des Gedankens, denn Nachweise gibt es für diese These nicht.
Biskuitporzellan wird zweimal gebrannt. Nach dem ersten Brand ist es weiß und fest, dann wird es bemalt und durch ein zweites Brennen die Farbe mit dem Porzellan fest verbunden. Es ist unglasiert und gibt damit dem Puppenkopf eine weiche, hautschimmernde Oberfläche.
Zwischen den glasierten Porzellanköpfen und den Biskuitköpfen hat es nur kurze Zeit das Parische Porzellan als Material für Puppenköpfe gegeben. Es wurde kurz »Parian« genannt, abgeleitet von der durch ihren Marmor berühmten Insel Paros. Parian ist eine englische Erfindung und wurde hauptsächlich von den Firmen Minton and Comp. und W. T. Copeland, beide in Staffordshire, verwendet. Die Farbe der Masse

57–59 Dieser Puppentyp wurde »Kaiserin Eugenie« genannt. Der Kopf besteht aus mattem Parian, aufmodelliertem Haar, glasiert, mit grünem Filet (Haarnetz), blond getönter Haartracht und Empire-Haarschleife. Die Puppe besitzt einen Stoffkörper und Porzellanarme, 52 cm (um 1860).

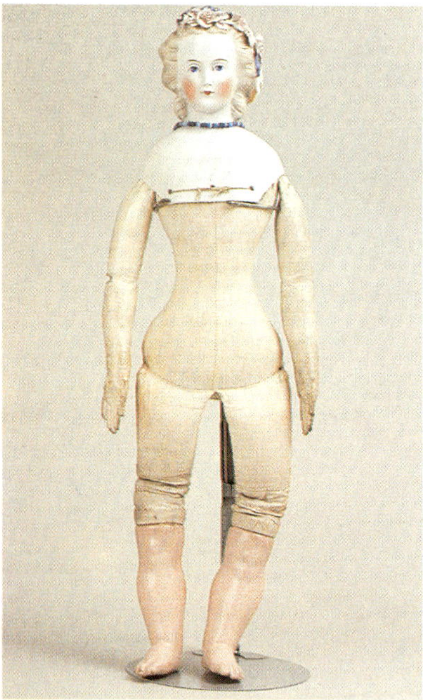

60–62 Puppe mit Parian-Kopf, fein modelliertem blondem Haar, glasiertem Blumenschmuck und Schleife. Dieser Brustkopf sitzt auf einem Stoffkörper, die Lederarme und die Unterbeine aus Masse sind angesetzt. Sehr fein modelliertes Gesicht, sehr wahrscheinlich Sonneberg. 52 cm (um 1870).

zeigt einen milden gelblichen Ton, die Oberfläche schimmert wachsartig oder beinahe fettig, die Köpfe selbst haben ein angenehmes, allerdings recht blasses Aussehen.
Die Zusammensetzung von Pa-

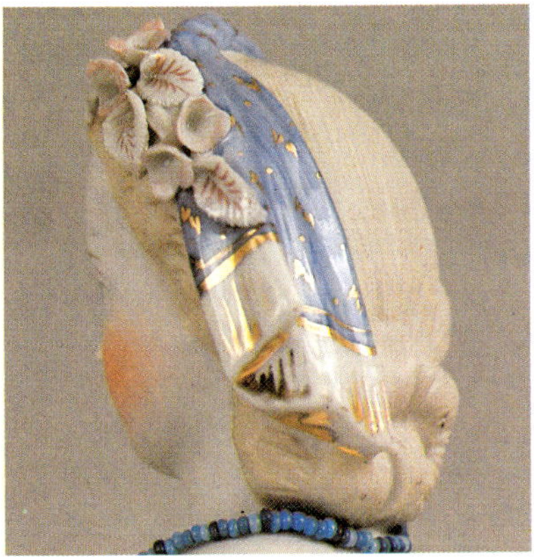

rian-Porzellan wurde aus Konkurrenzgründen geheim gehalten. In einer handgeschriebenen Herstellungsanweisung der englischen Firma Minton and Comp. von 1849 heißt es: »... Es besteht aus 63,74 Teilen Kieselerde, 29,71 Teilen Tonerde, 1,41 Teilen Kalk, 4,39 Teilen Natron und 0,41 Teilen Bittererde ...«.
Die Parianköpfe konnten sich gegen die beliebteren Biskuitpuppenköpfe nicht durchsetzen, denn diese Puppen fanden durch die hervorragende Produktion aus Frankreich stärkste Beachtung auf dem Weltmarkt.
1878 begann die industrielle Herstellung von Puppenköpfen aus Biskuitporzellan großen Stils auch in der Spielzeugmetropole Thüringen.
»Hunderte von Arbeitern sind damit beschäftigt, deren Tätigkeit sich auf die Fabrikation von Kinderspielzeug erstreckt, als da sind Puppenköpfe, Service für die Puppenstube, Tiere und sonstige kleinere Gegenstände. Nur sechs (Manufakturen) produzieren nur solche Gegenstände«, heißt es in einer damaligen Strukturanalyse.
In diesem Zusammenhang muß noch darauf hingewiesen werden, daß die meisten heute noch sammelbaren Puppenköpfe aus Biskuitporzellan bestehen. Diese Köpfe wurden, soweit sie in Deutschland gegossen worden sind, in Porzellanfabriken hergestellt, die mit der eigentlichen Puppenindustrie nur wenig oder überhaupt nichts zu tun hatten.
Die Porzellanfabriken waren Zulieferer für die Puppenfabrikanten (z. B. Armand Marseille). Viele der Puppen sind mit der Marke der Porzellanfabrik versehen, nicht aber mit der des Puppenfabrikanten. Nur große Puppenfirmen ließen bei den Porzellanmanufakturen nach eigenen Modellen Pup-

penköpfe herstellen, die dann mit dem hauseigenen Puppenfabrikzeichen gemarkt wurden.
Porzellanfabriken, die sich ausschließlich oder nur teilweise mit der Produktion von Puppenköpfen beschäftigten, bestanden meist aus mehreren Abteilungen: Massenmühle, Formerei, Brennhaus, Malerei, Schmelzerei, Packerei und Kontor.
Die Massenmühlen bereiteten aus den notwendigen Rohstoffen die Porzellanmasse, Former und Gießer übernahmen das Herstellen der plastischen Gegenstände, Brenner gaben den leicht deformierbaren Produkten feste Form, und Maler sorgten für den notwendigen Farbauftrag, während beim anschließenden zweiten Brennvorgang die Farben dauerhaft gemacht wurden.

63 Zeitgenössische Darstellung: Blick in die Puppenfabrik Emile Jumeau. Hier werden von einer Arbeiterin die Puppen zusammengesetzt.

Doch zunächst muß das Produkt als Modell gestaltet werden. Eine Serie von Puppenköpfen kostete um die Jahrhundertwende zwischen zweihundert und sechshundert Mark.
Der Modelleur setzte seine Vorstellung vom Gesicht der Puppe oder die des Kunden in Porzellan um. Davon machten die Formgießer einen Gipsabzug; die so entstandenen Abgüsse bildeten dann die Grundlage für die Fertigung in der Massenproduktion. Je nach Kapazität mußten von einer Puppenkopfserie in zehn bis zwölf verschiedenen Größen rund eintausend Formen angefertigt werden,

um überhaupt rentabel arbeiten zu können. Insbesondere bei ausländischen Bestellungen kam es zu Auftragsarbeiten mit genauesten Vorgaben.
Der Kunde ließ das gewünschte Modell dreidimensional oder als Skizze selbst anfertigen oder entwerfen. Oft waren viele Entwürfe der Modelleure notwendig, bis dem Kunden das gewünschte Einzelstück gefiel und die vereinbarte Bestellmenge produziert werden konnte.
Kleinere Porzellanfabriken konnten auch auf die ausgefallensten Wünsche ihrer Kunden eingehen. Ihr Vorteil: Sie waren Familienbetriebe, in denen nicht mehr als zwei bis drei Personen beschäftigt waren und verkauften ihre kleinen Puppenkopf-Serien in alle Teile der Welt.

Französische Porzellanköpfe sind in der Regel aus Biskuit, nur selten aus glasiertem Porzellan. Es waren zunächst die großen Manufakturen um Paris, die den Puppenherstellern die wunderschön modellierten und aus feinstem Porzellan gegossenen Puppenköpfe lieferten.
Erst um 1875 tauchten auch Köpfe von deutschen Manufakturen in Frankreich auf.
Aber die französische Industrie wollte weitgehend unabhängig von deutschen Produkten bleiben. So gründete Emile Jumeau als erster Puppenfabrikant eine eigene Produktion für Puppenköpfe.

Jumeau-Roi de Poupée

Die Dynastie der Jumeaus, bei allen Weltausstellungen des 19. Jahrhunderts für die großartigen Leistungen mit Medaillen

64 Jumeau-Puppen um 1894 in ihren prächtigen Kleidern.

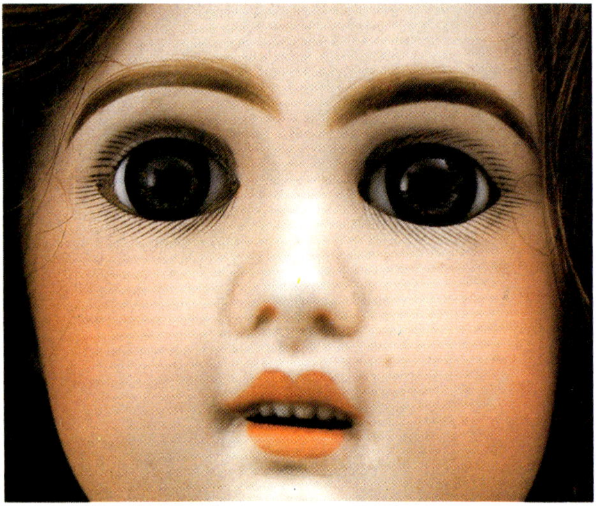

65 Typisches Jumeau-Gesicht mit Paperweight-Augen, fein gemalten Wimpern und Augenbrauen.

66 Puppen-Automat »Mandolinenspielerin« aus der Werkstatt von Jumeau. Feiner Biskuitkopf mit blauen Augen (Strahleniris), in Originalkleidung. Das aufgezogene Uhrwerk bewegt die rechte Hand und den Kopf der Puppe. Mit Stuhl 51 cm, die Puppe selbst ist 38 cm groß (um 1885).

67 Zwei wunderschöne Modepuppen aus der Pariser Puppenwerkstatt Gaultier, Paris. Die Köpfe sind aus sehr feinem Biskuit, der Mund geschlossen. Die Körper sind aus Stoff (links) und Leder (rechts), um 40 cm (um 1880).

68 Biskuitporzellan-Puppe mit geschlossenem Mund, gestempelt »BEBE JUMEAU, DIPLOME D'HONNEUR« auf dem Körper, Gelenkkörper aus Papiermaché, 35 cm (um 1880).

69 Jumeau-Biskuit-Puppe, ungemarkt, Gelenkkörper aus Papiermaché, 42 cm (um 1890).

ausgezeichnet, begann ihre Puppenproduktion 1843, als ein gewisser Pierre François Jumeau mit einem M. Belton zusammen eine Puppenfabrik in das Pariser Handelsregister eintragen ließ. Die Partnerschaft dauerte nur kurze Zeit, aber die Puppen dieser Neugründung erregten schon 1851 auf der Londoner Weltausstellung großes Aufsehen.
Die deutschen Kommissionäre schrieben in einem Bericht an ihre Regierung in Berlin: »P. F. Jumeau, Paris, hatte eine reiche Auswahl von Puppenanzügen geliefert. Die ausgestellten Puppenleiber verdienen nicht besonders gelobt zu werden, dagegen waren die Anzüge derselben ausgezeichnet, indem nicht nur sämtliche Roben nach dem modernsten Schnitt gearbeitet, sondern auch, wie uns versichert wurde, alle übrigen Artikel der Damentoilette in getreuen Nachbildungen wiedergegeben waren...«
Die Jumeau-Puppen waren auch nach der Gründung der eigenen Fabrik mit Porzellanbrennofen in Montreuil im Jahre 1873 dank ihrer luxuriösen Ausstattung ein begehrter Exportartikel.
Die Porzellanköpfe waren fein gegossen und bemalt, aber die Körper, wie bei allen französischen

Puppen, sehr grob und nachlässig gearbeitet.
Jumeaus ältester Sohn Emile wollte das ändern. Er richtete die erste Puppenfabrik ein, die nun aus den Rohstoffen alles bis zur vollständigen Puppe selbst herstellen sollte. Besonders bekannt wurde der typische Jumeau-Gesichtsausdruck mit den eigenartigen, faszinierenden Glasaugen (Emaille-Augen). Ein Sammler, der einmal Jumeau-Puppen in der Hand gehabt hat, wird sie immer wiedererkennen.
Noch 1894 hatte sich Emile Jumeau den Titel »Roi de Poupée« gegeben, er kooperierte mit amerikanischen Einkaufshäusern, stellte Edison-Sprechpuppen her, doch seine Geschäfte gingen immer schlechter. Auf der Weltausstellung 1894 in Chicago machten sich die deutschen Aussteller aus Thüringen über ihn lustig, weil der Stand von Jumeau erst Tage nach der Eröffnung aufgebaut war und die Produkte dem Qualitätsanspruch der Neuen Welt nicht mehr gerecht wurden.
Emile Jumeau blieb bis Ende des 19. Jahrhunderts der einzige große französische Puppenfabrikant mit

70 Kupferstich aus einem französischen Modejournal um 1879.

71 Biskuit-Porzellan-Puppe, Hersteller unbekannt. Die Puppe hat einen fein modellierten Brustkopf, Lederkörper, Arme und Beine aus Leder, 57 cm (um 1900). Mit Puppen-Trousseaux.

72 Biskuit-Puppe von Jules Nicholas Steiner, blaue Augen mit Strahleniris, besonders schön gemalten Wimpern und Augenbrauen, geschlossener Mund, Papiermachégelenkkörper, 46 cm (um 1890), Originalkleidung.

73 Modepuppe von Gaultier, Paris mit feinem Kurbelbrustkopf (Svivel-neck), Lederkörper, Arme und Beine aus Leder, um 40 cm (1885).

fließbandartiger Herstellungstechnik. Als die Spielzeug-Hersteller aus Thüringen auf dem Weltmarkt die französischen Produkte zu verdrängen begannen, fusionierten in Paris die folgenden Firmen zur »Société Française de la Fabrication des Bébés et Jouets« – kurz SFBJ genannt. Den Vertrag unterzeichneten am 29. März 1899 die Puppenfabrikanten Fleischmann & Bloedel, Pintel & Goldchaux, Genty, Girard, Remignard, Gobert, Jumeau und die

74 Portrait von J. D. Kestner jun., Waltershausen.

75 Portrait von Ernst Kämmer von der Firma Kämmer & Reinhardt, Waltershausen.

Porzellanfabrik Gaultier, später kam noch die Spielwarenfabrik Fernehim & Kahn dazu. Seit dem Zusammenschluß dieser Firmen wurden keine Porzellanköpfe mehr in Frankreich hergestellt (bis 1914!)
Der damalige Direktor von SFBJ, Fleischmann, konnte den Vorstand davon überzeugen, daß es billiger war, Porzellanbiskuitköpfe in Thüringen zu kaufen als in Frankreich selbst herzustellen.

Die Puppenkopfformen wurden nach Thüringen geschafft und bis zum Ausbruch des Ersten Weltkrieges entstanden alle französischen Puppenköpfe in den Originalformen in Thüringen. Die Halsmarken blieben selbstverständlich dem Original entsprechend französisch. Manche Jumeau-Puppe blieb zwar eine Original Jumeau, war aber in Deutschland gegossen und bemalt worden. Die Dynastie der Jumeaus verlor nach der SFBJ-Gründung zu Beginn unseres Jahrhunderts ihre beherrschende Stellung. Jumeau versuchte zwar innerhalb der SFBJ-Gruppe ein Comeback; er zeigte in England Zwillingspuppen (Jumeau = Zwilling) mit unzerbrechlichen Körpern zu keineswegs niedrigen Preisen, aber sein ehemals weltbekannter Betrieb erreichte den Ruhm nicht mehr. Der »Roi de Poupée« hatte sein Zepter verloren.

Nach dem Ersten Weltkrieg wurde die französische Puppenindustrie wieder selbständig. Allein im Jahre 1921 wurden sechs Millionen Puppen produziert, darunter so berühmte Marken wie Bébé Jumeau, Bébé Bru und Bébé Eden.

76 Porträt von Franz Reinhardt von der Firma Kämmer & Reinhardt, Waltershausen.

77 Gründungshaus der Puppenfabrik Kämmer & Reinhardt, Waltershausen.

Thüringen kopiert Frankreich ...

Der Erfolg der Porzellanpuppen aus Frankreich in allen Ländern der Erde war von jungen, cleveren Unternehmern in Thüringen sehr wohl registriert worden. Und wie immer handelte die thüringische Industrie schnell und nach bewährtem Rezept: sie kopierte einfach die französischen Produkte und bot sie marktkonform an: billig und besser. Der reißende Absatz von Porzellanpuppenköpfen ließ eine neue Porzellanindustrie entstehen. Innerhalb weniger Jahre wurden in und um Sonneberg neue Fabriken und Manufakturen in Betrieb genommen, die bald den Weltmarkt beherrschen sollten.
Zu den alteingesessenen Unter-

78 Biskuitpuppe mit Baby-Körper der Firma J. D. Kestner jun., Halsmarke 211, 30 cm (um 1915), Originalkleidung.

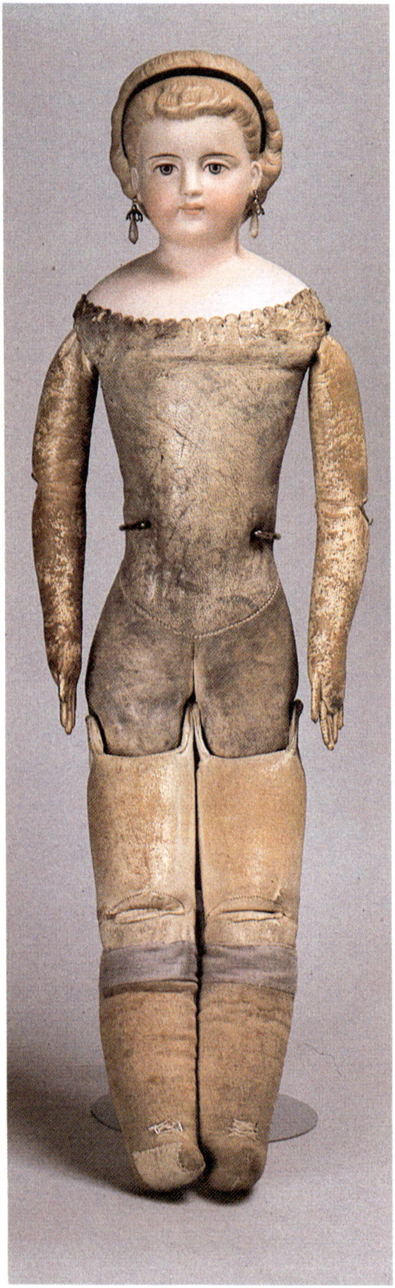

79–81 Wohl eine der ersten Puppen aus der Porzellanfabrik Simon & Halbig, Gräfenhain, Halsmarke S10H. Gemalte Gesichtszüge, fein modelliertes Haar mit Band, durchstochene Ohrläppchen, Ledergelenkkörper, 43 cm (um 1880).

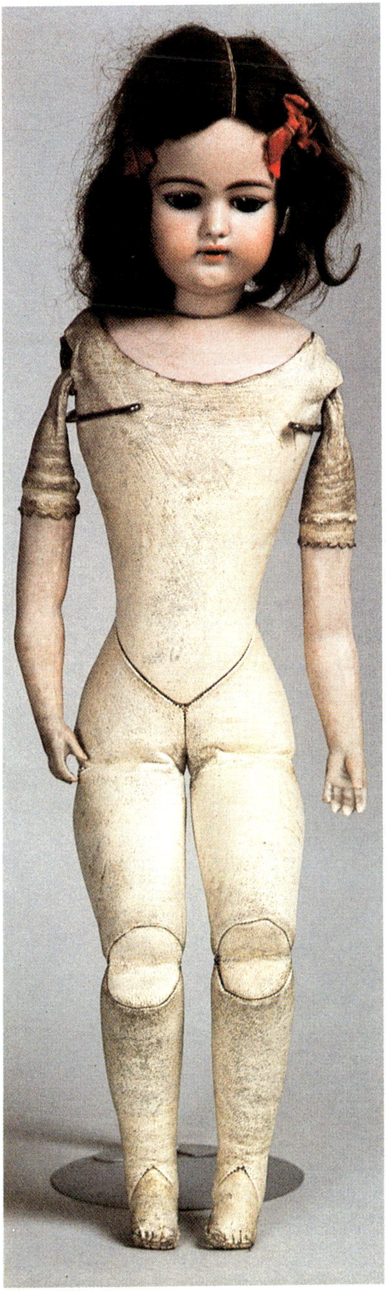

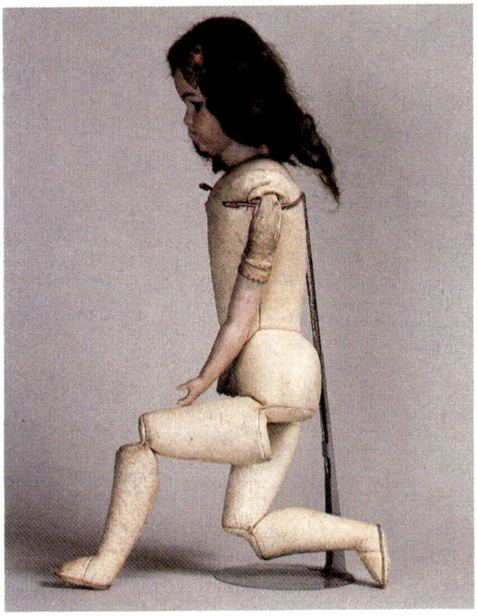

82/84 Biskuitpuppe mit Kurbel-Brustkopf (Svivel-neck) der Firma Simon & Halbig, Halsmarke S1061H, nach Art der französischen Lederkörper mit Knickpopo, 50 cm (um 1894).

83 Kopf einer Biskuitpuppe der Firma Simon & Halbig, Typ »Burmesin« mit der Seriennummer 164, Gliederkörper aus Papiermaché, 34 cm (um 1895), Originalkleidung.

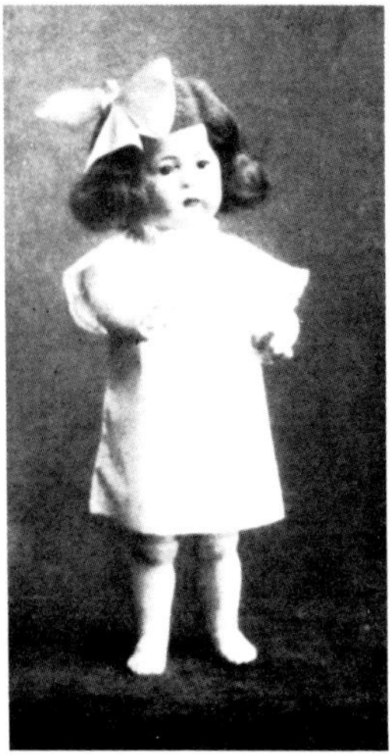
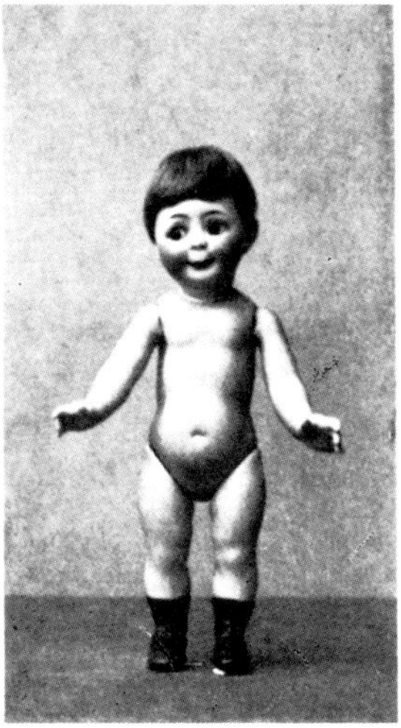
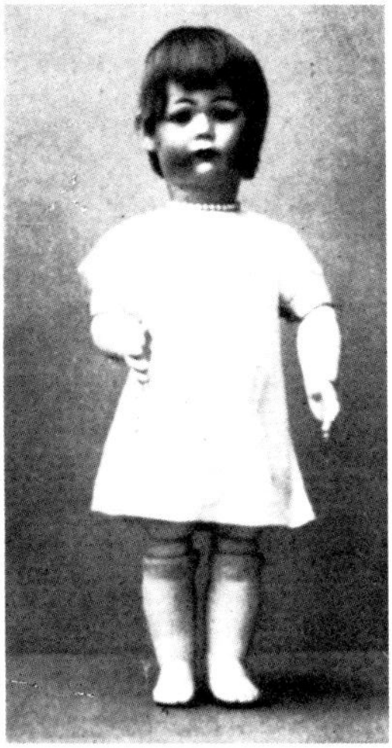

85/86 Abbildungen aus dem Katalog der Firma Kämmer & Reinhardt, Waltershausen, aus dem Jahre 1923.

nehmen, die den Anschluß keineswegs verpaßten, gehörte die Spielzeugfabrik J. D. Kestner in Waltershausen. 1805 gegründet, hatte sie schon in der Vergangenheit gezeigt, daß sie immer etwas schneller als die Konkurrenz war: 1840 war die Firma als erste Spielzeugfabrik auf der Leipziger Messe vertreten. Die Produktion bestand vorwiegend aus Papiermaché- und Wachspuppen, später wurde die Porzellanfabrik Kestner & Comp. in Ohrdruf hinzugekauft, die dann Puppenköpfe aus Porzellan und Biskuit sowie die bekannten Badepuppen »Frozen Charlies« herstellte.

»Kewpies« von Kestner

Aus dieser Firma kam auch die nach amerikanischen Modellen entworfene »Kewpie«-Puppe, die bald die Vereinigten Staaten erobern sollte. Auf den Kestner-Köpfen fehlt häufig der übliche Firmenhinweis »J. D. K.«. Dafür sind Buchstaben, das Wort »Germany« und die Ziffer der Kopfgröße angegeben. Hierbei handelt es sich um das sogenannte »Kestner-Alphabet«, das ausführlich in der Encyclopaedia of Dolls beschrieben ist. Die Kestner-Celluloid-Köpfe tragen übrigens das Markenzeichen von Schildkröt.

Die Gründung von Simon & Halbig

Eine andere große Weltfirma wurde ebenfalls in der Zeit des »Sonneberger Aufbruchs« gegründet: die Firma Kämmer & Reinhardt im nahegelegenen Waltershausen. 1885 gründeten der Modelleur Ernst Kämmer und der junge Kaufmann Franz Reinhardt das Unternehmen. Die Eintragung ins Handelsregister erfolgte am 5. Januar 1886.
Prinzip der Gründer sollte es sein, »keine ausgetretenen Pfade zu gehen, sondern abgesehen von einer erstklassigen Ware immer etwas Neues zu schaffen«.
Diese Unternehmens-Grundsätze, die über den Tod von Ernst Kämmer im Jahre 1901 hinaus Firmenziel blieben, machten aus dem relativ kleinen Betrieb in fünfzig Jahren einen Puppenkonzern, der von der Firma Simon & Halbig seine Puppenköpfe bezog und, 1917 selbst schon Tochtergesellschaft der Gebr. Bing-Werke in Nürnberg wurde, 1918 die Porzellan-Manufaktur Simon & Halbig dem Konzern einverleibte. In einem Firmendokument von Kämmer & Reinhardt heißt es, daß die Zusammenarbeit mit Simon & Halbig deshalb so eng gewesen sei, weil diese »Firma die schönsten Porzellanpuppenköpfe angefertigt habe«.
Simon & Halbig in Gräfenhain/Thüringen wurde 1869 als Porzellanmanufaktur gegründet. Zu den Vätern des Unternehmens zählte, wie bei vielen ähnlichen Firmengründungen, eine Spielwarenfabrik, die auch Puppen herstellte. Wilhelm Simon, Mitinhaber der Spielwarenfirma Simon & Co. in Hildburghausen, hatte sich mit Halbig (über den leider nichts bekannt ist) verständigt, daß bei dem gegenwärtigen Boom von Porzellanpuppenköpfen eine eigene

87 Die sogenannte »Wahrsage-Puppe«, mit glasiertem Porzellankopf, gemalten Gesichtszügen. Der Rock besteht aus 63 Papierbriefchen, auf denen in feiner Handschrift verschiedene »wahrsagende« Sprüche geschrieben sind. Diese Puppe war zur Unterhaltung von Erwachsenen um 1880 üblich, Größe: 21 cm.

Manufaktur notwendig sei. Die Fabrik war schnell gegründet und bald lieferte die Manufaktur die Köpfe, die dann in der Spielwarenfirma auf Körper gesetzt wurden. Aus solchen Anfängen entwickelte sich ein Unternehmen, das nicht nur Puppenköpfe herstellte, sondern auch den damals begehrten figürlichen Nippes. Für Köpfe und Nippes werden auf heutigen Auktionen Spitzenpreise erzielt.

88 Wie verschieden die einzelnen Puppen der gleichen Serie ausfallen und auf den Betrachter wirken, zeigt dieses Foto. Abgebildet ist die wohl verbreitetste Sammelpuppe von der Firma Armand Marseille, Köppelsdorf, Halsmarke 390. Auf dem Foto sind Puppen ab der Größe 22 cm (Halsmarkengröße 10/0) bis 65 cm (Halsmarkengröße (10).

89 Frühe Puppe von Armand Marseille (Thüringen um 1890)

Armand Marseille

Der bekannteste deutsche Porzellanpuppen-Hersteller war Armand Marseille. Er wurde als Sohn eines hugenottischen Architekten im Jahre 1856 in St. Petersburg geboren und reiste als Jugendlicher durch alle Länder Europas. Schließlich ließ er sich in der Nähe von Sonneberg nieder, kaufte 1884 eine Spielzeugfabrik, 1885 eine Porzellanmanufaktur und stellte Porzellankrüge, Pfeifenköpfe und Reservistenkrüge her.

Armand Marseille hatte gute kaufmännische Kenntnisse, da er aber von der Porzellanherstellung wenig verstand, holte er sich aus einer anderen benachbarten Fabrik den besten Mann und seiner Meinung nach »hervorragenden Experten«.
Viele Jahre des Experimentierens vergingen, bis Marseille um 1890 seinen ersten Biskuit-Puppenkopf der Öffentlichkeit vorstellte. Schnell waren, schon durch seine auf vielen Reisen erworbenen Sprachkenntnisse, internationale Kontakte mit Geschäftspartnern geknüpft.
Die Firma beschäftigte bald rund 550 Arbeiter, die nur Puppenköpfe herstellten.

Armand Marseille lehnte Werbung ab, seine persönlich angeknüpften und gepflegten Geschäftsbeziehungen nach Frankreich und England und später dann auch nach Amerika genügten, um ihn zum Branchenriesen zu machen.

90 Porträt des Porzellanfabrik-Besitzers und größten Puppenkopf-Herstellers der Welt: Armand Marseille, Köppelsdorf.

Patriarch und Freund

Marseille war Patriarch und verständnisvoller Freund seiner Betriebsangehörigen, streng in seinen Grundsätzen und hart in geschäftlichen Verhandlungen. Den vom Herzog angebotenen Titel eines ›Kommerzienrates‹ lehnte er mit den für ihn typischen Worten »Ich bin Armand Marseille und nicht Kommerzienrat« ab.
Marseille erweiterte seine Produktion 1905 durch die Herstellung von elektrotechnischem Porzellan. Dieser Zweig seines Unternehmens wurde 1913 an die Siemens-Schukkert-Werke in Berlin verkauft.

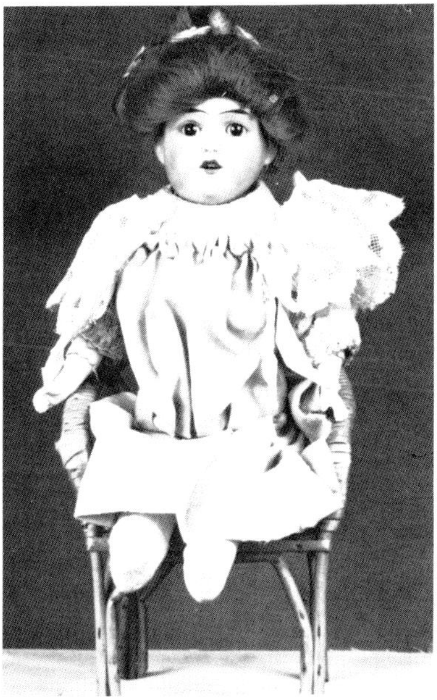

91 Neben der Serie 390 war der Kopftyp 370 aus der Produktion von Armand Marseille am häufigsten verbreitet (Brustkopf). Die Puppe ist 37 cm groß, hat einen Ziegenlederkörper und Porzellanarme (um 1900).

Nach dem Ersten Weltkrieg zog sich Armand Marseille aus dem Geschäft zurück. Er erlitt einen Schlaganfall, von dem er sich nicht mehr erholte. Sein Sohn Hermann übernahm die Unternehmensleitung. Ehe er seinem Nachfolger Platz machte, hatte der Vater sein Lebenswerk mit dem Zusammenschluß mit der gleichfalls in Köppelsdorf seit 1886 bestehenden Porzellanfabrik Ernst Heubach gekrönt. Seit 1919 hieß die Firma »Vereinigte Köppelsdorfer Porzellanfabrik«. Die Fusion hatte auch familiäre Aspekte: Sohn Hermann Marseille heiratete Beatrix, die Tochter Ernst Heubachs.
Dieser Zusammenschluß stand jedoch unter einem unglücklichen Stern, er wurde wenige Jahre später wieder rückgängig gemacht. Armand Marseille erlebte dieses Auf und Nieder seiner Fabrik nicht mehr. Er starb am 23. April 1925 an einem Herzschlag.
Seine Puppen sind fast alle mit »A. M.« oder dem vollen Namen gemarkt. Nur wenige Aufträge wurden bei ihm mit den Halsmarken anderer Puppenhersteller gegossen. Die Qualität seines Porzellans wurde besonders in Frankreich und Amerika gelobt.

Porzellanpuppenköpfe hat es in Thüringen noch bis 1950 gegeben. Da aber die Spielzeugbranche exportabhängig ist und in die USA keine Spielsachen mehr importiert werden durften, an denen sich Kinder verletzen können, wurden die Formen eingemottet, die Produktion eingestellt.

Die Thüringer Porzellanindustrie hatte ihre große Zeit um die Jahrhundertwende bis zum Ausbruch des Ersten Weltkrieges. Rund hundert Porzellanmanufakturen stellten hauptsächlich oder als Nebenprodukte Puppenköpfe aus Biskuit oder Porzellan her. Nur einige benutzten ihre eigenen Halsmarken, viele mußten die Firmenzeichen der in- und ausländischen Besteller anbringen, andere fertigten ohne Firmenzeichen, weil sie sich wegen einer solchen Produktion genierten.

Charakterpuppen

Durch die anhaltend guten Geschäfte verwöhnt, war die Puppenindustrie zwischen 1890 und 1910 ohne entscheidende neue Impulse geblieben. Der Umsatz erreichte Rekordhöhen, die Produktion verkaufte sich von selbst, nur wenige Neuerungen mußten vorgenommen werden.
Das konservative Einerlei wurde unterbrochen durch die große Puppenausstellung von Münchner Künstlern im Jahre 1908. Hier zeigten handwerklich begabte Näherinnen, Maler, Bildhauer, Schnitzer usw. eine neue Art von Puppen, die als »Künstlerpuppen« in die Geschichte eingingen. Nur wenige von ihnen wurden industriell hergestellt, aber die meist recht naturgetreuen Puppentypen lösten sofort ein lebhaftes Echo in der Puppenmetropole Thüringens aus. Die Firma Kämmer & Reinhardt in Waltershausen rühmte sich in dieser Zeit, seit 23 Jahren als Hauptprodukt einen und denselben Puppenkopf zu verkaufen.

92 Charakterkopf der Firma J. D. Kestner jun., Waltershausen, Serie 150, Orientale, um 1912.

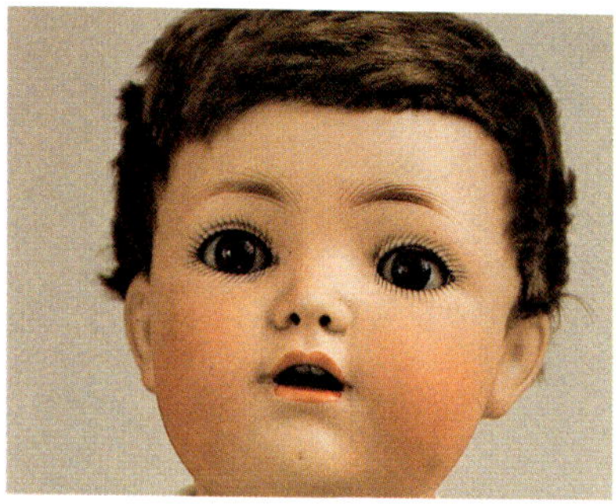

93 Charakterkopf der Firma Franz Schmidt & Co., Georgenthal, Serie 1295, offene Nasenlöcher, Fellperücke (um 1914).

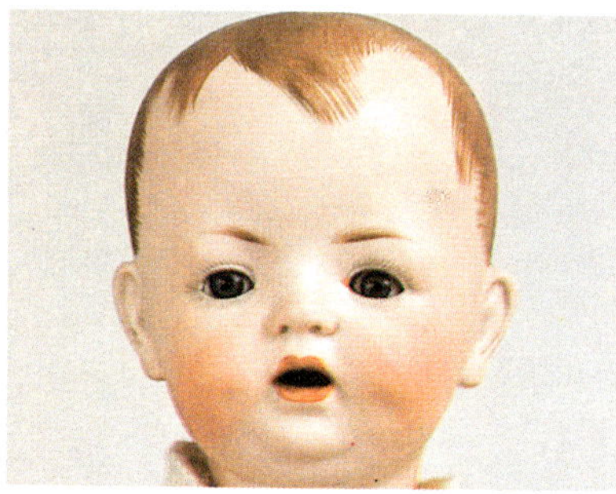

94 Charakterkopf der Firma Baehr & Proeschild, Ohrdruf, Serie 2084, Schlafaugen, offener Mund (um 1920).

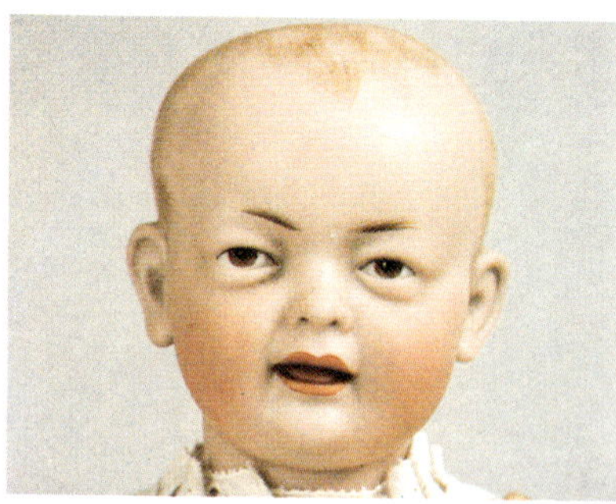

95 Charakterkopf der Firma Kley & Hahn, Ohrdruf, Serie 135 mit gemalten Augen (um 1912).

Doch auf die Anregungen aus München reagierte der Inhaber Franz Reinhardt sehr schnell. Er beauftragte einen Berliner Künstler mit der Gestaltung eines Puppenkopfes, der dem eines etwa sechs Wochen alten Kindes ähnlich sein sollte. Der Verkaufserfolg war in den ersten Monaten überraschend gut. Bisher hatte man Biskuitköpfe verkauft, die eher jungen Damen als kleinen Kindern glichen und deren Gesichter in der Regel maskenhaft gleichförmig ausschauten. Aber mit der Herstellung eines realistischen Charakterkopfes (ein Wort, das Franz Reinhardt geprägt hat), begann die Puppenindustrie in eine neue Ära einzutreten. Franz Reinhardt schrieb dazu: »Mit unsern neuen Mustern ist es uns damals eigentümlich ergangen! Die Kundschaft entschloß sich nur schwer zu dem neuen Artikel und selbst in Berlin konnten wir auf unserer Ausstellung Januar 1909 von Babies nur wenige Musterstücke verkaufen, nur ein

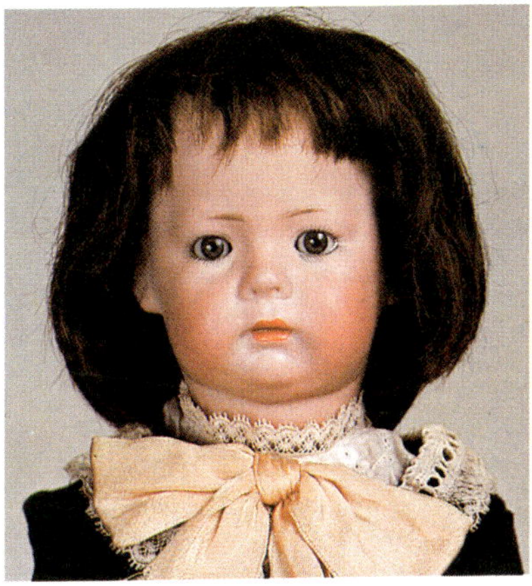

96 Charakterpuppenkopf der Firma Wiesenthal, Schindel & Kallenberg, Waltershausen, Serie 150, mit Schlafaugen, geschlossenem offenem Mund und gemalten Zähnen (um 1912).

97 Charakterpuppe der Firma Kämmer & Reinhardt, Waltershausen, Serie 115 A von der Porzellanfabrik Simon & Halbig, Gräfenhain, geschlossener Mund (ab 1913).

98 Katalogfoto der Charakterpuppe »Mein Lieblingsbaby«, Kämmer & Reinhardt, Waltershausen, Serie 126 (um 1922).

Freund hatte den Mut, einige Dutzend davon zu bestellen.« Doch diese Muster waren dann die erste Stufe zum Verkaufserfolg, der aber ein Jahr später wieder stagnierte. Der Grund: die ersten Charakterpuppen hatten nur gemalte Augen, konnten also nicht mit feststehenden oder Schlafaugen ausgerüstet werden. Erst sehr viel später, im Jahre 1914, gelang es der Firma Franz Schmidt & Co. in Georgenthal, Schlafaugen in Charakterpuppenköpfe einzubauen. Damit erlebte die Industrie einen neuen großen Aufschwung, der aber durch den Ersten Weltkrieg unterbrochen wurde.

Werdegang einer Puppe um 1900

Wenn größere Bestellungen direkt an die Fabrik gegeben wurden, erteilte der Fabrikant Ordres an kleinere Auftragsnehmer, diese wiederum an ihre Teilarbeiter, die in fast allen Fällen Heimarbeiter waren.
Ein »Drücker« fertigte Körper, Beine und Hände an. Die Rohmasse für diese Partien bestand aus Schwarzmehlkleister, aufgeweichtem Papier und Kaolin und wurde in einer Schwefelform gepreßt, die mit Petroleum ausgepinselt worden war. Dem teigähnlichen Drückermaterial wurden oft andere Stoffe zugesetzt, wie Holzmehl, Schlemmkreide und Zement. Holzmehl und besonders viel Papier setzte man der Masse für sogenannte leichte Ware zu, die für Länder bestimmt war, die ihre Einfuhrzölle nach Gewicht berechneten.
Die angemachte Masse wurde in die untere Hälfte einer zweiteiligen, gut geölten Schwefelform gebracht und die beiden Formhälften kräftig zusammengedrückt. Der gedrückte Puppenteil konnte sofort entnommen und getrocknet werden.
Nach dem Trocknen wurden noch die entstandenen Nähte und Ränder mit dem Messer entfernt. Nur besonders teure Puppenkörper glättete man danach noch mit Sand- oder Glaspapier. Drechsler hatten die Herstellung der einzelnen Glieder und Bewegungsgelenke zu besorgen. Die Kugeln der Gelenke mußten in die vorgesehenen Schüsseln passen, ebenso der Porzellan-Kurbelkopf. Bei billigeren Puppen wurden die Schüsseln oder Pfannen auch aus Papier gestanzt.
Die Biskuitpuppenköpfe stellte man in Porzellanfabriken her. Dort wurde das flüssige Porzellan in Gipsformen gefüllt und nach Erreichen der richtigen Stärke wieder abgegossen. Nach dem Brennen folgte das Bemalen, oft mit Farbe, die noch einmal leicht aufgebrannt wurde.
Die Augeneinsetzer versahen die Puppe dann mit beweglichen oder Schlafaugen.

Die Augen wurden an einem zusammengeleierten Draht angesiegelt, am entgegengesetzten Ende des Drahtes brachte man eine Bleikugel an. Die ganze Mechanik beruhte auf dem Hebelprinzip, wobei der Stützpunkt von einem

Gipslager gebildet wurde, in dem die Augen beweglich angebracht waren.
Nachdem der »Täuflingsmacher« sämtliche Puppenteile von den Heimarbeitern angeliefert bekommen hatte, machte er sich ans Zusammensetzen: Der Körper wurde auseinandergesägt, in den Hohlraum baute man die Stimme ein und leimte den Puppenkörper dann wieder zusammen. Körper und Glieder erhielten einen fleischfarbenen Anstrich, Hände und Füße wurden angemalt. Mit Bindfaden, Stiften, Draht und Gummi sowie Leim befestigte man Körper und Glieder beweglich aneinander. Der zusammengesetzte Täufling wurde nun von der Friseuse mit Haaren versehen. Billigere Puppen frisierte man mit einem Gemisch aus Mohair und Wolle oder mit reiner Wolle. Echthaarperücken wurden nur auf besonderen Wunsch aufgeleimt und waren damals nicht so teuer wie das leichtere Mohair (Ziegenhaar). So ausgestattet, wurden die Puppen, meist nackt oder höchstens mit Schuhen und Strümpfen bekleidet, bei der Fabrik für Puppenbekleidung abgeliefert.
Hier kleidete man den Puppenbalg entsprechend den neuesten modischen Wünschen der Kunden. Für teure Puppen fertigte man das Unterzeug auch mit Schleifen und Spitzen. Verantwortlich dafür war die Direktrice, die meist aus der Großstadt kam und wohl die teuerste Angestellte in einer Puppenfabrik war.

99 Ausschneiden der Augen in einer Porzellanfabrik.

100–102 Zwei-Gesichter-Puppe von der Puppenfabrik Carl Bergner, Sonneberg. Seltene Puppe. Durch Drehen des Knopfes auf dem Kopf konnte man das weiße oder schwarze Gesicht der Puppe zeigen, 49 cm (um 1910).

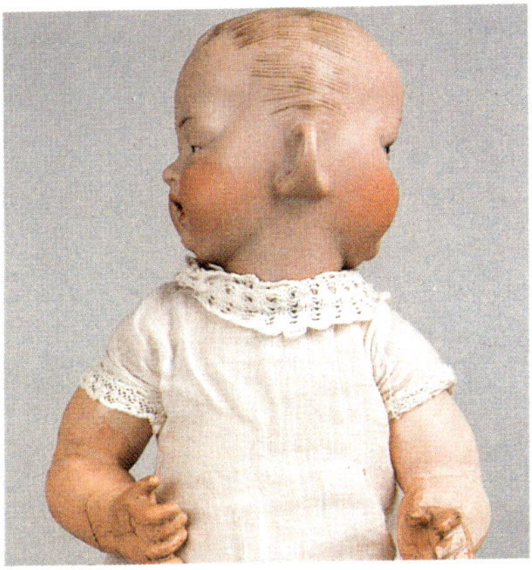

Wenn eine ausgefallene Mode gewünscht wurde, mußten natürlich auch Hut und Schuhe dem Geschmack entsprechen. Die Schuhe stellte der Puppenschuhmacher her, der ausschließlich weibliche Hilfskräfte hatte. Mit einer Stanze wurden Außen- und Innensohlen sowie das Oberzeug zugeschnitten. Eine Arbeiterin verband Außensohle mit Oberzeug, eine andere klebte die Innensohle ein, die nächste brachte die Einfassung an, die folgende zog Bändchen in Metallschnallen ein, ihre Nachbarin klebte die Schnallen als Verzierung auf. Das Material der Sohlen war aus Pappe, zum Oberzeug verwendete man Papier, Leder, Stoff oder Lederimitationen.
Dann wurden die Puppen in Kartons eingenäht oder eingebunden und waren fertig für die große Reise, die nicht selten bis nach Übersee führte.

103–105 Charakter-Doppel-Gesicht-Puppe der Firma Kley & Hahn, Ohrdruf, 1912 patentiert, Serie 159, weinendes Gesicht mit gemalten Augen, lachendes Gesicht mit Schlafaugen, dazu der Werbespruch der Firma: »Wacht' se da lacht' se, drehst Du ihr Köpfchen rum, greint das kleine Mädchen drum'«. 35 cm (ab 1912).

Tab. J
D6
E8

Puppen aus Gummi, Stoff, Blech und Celluloid

Guttapercha als Lederersatz

Der expandierende Markt ließ die Puppenhersteller nicht ruhen; sie experimentierten mit immer neuen Materialien.
1842 legte ein Mr. Montgomery der Indischen Compagnie einen neuen Stoff vor: Guttapercha aus Malaysia.
Auf der Londoner Weltausstellung 1851 wurde Guttapercha zum ersten Mal als Basis für Puppenköpfe vorgestellt. Die Guttapercha-Platten konnten wie Papiermaché in Formen gepreßt, zusammengeleimt und versiegelt werden. Doch die Köpfe wurden sehr schnell brüchig. Das Material entpuppte sich aber als wunderbarer Ledersatz für Puppenbälge. Es wurde von der Puppenindustrie bis Anfang des 20. Jahrhunderts zur Balgherstellung benutzt.
Etwa zur gleichen Zeit kam »indian rubber« auf, Kautschuk, der sich industriell verarbeiten ließ. Dieses Material war unzerbrechlich, widerstandsfähig gegen Stöße, Nässe und Temperaturwechsel.
Erst schien es so, als wenn es dem Porzellan den Vorrang streitig machen würde. Aber da das Gummi nach langem Gebrauch brüchig wurde und die Farben abbröckelten, ließ es sich nur für kurzlebiges Spielzeug einsetzen. Deshalb wurde Gummi zur Puppenkopf- und Körperherstellung bald nur noch für das Spielzeug der Kleinkinder verwandt. Die Industrie bot eine Vielfalt von Einsatzmöglichkeiten, die Kataloge aus jener Zeit legten davon ein beredtes Zeugnis ab.
Anfänglich waren die Gummipuppen und -figuren noch nicht unproportioniert, aber je besser man die Verarbeitung dieses neuen Materials beherrschte, um so natürlicher wurde die Darstellung. Um 1905 war die Industrie in der Herstellung von Gummispielzeug so weit, daß die Eltern nicht mehr ängstlich darüber wachen mußten, wenn das Kind die Gegenstände in den Mund nahm. Denn in den ersten Jahren hatten die aufgetragenen Farben noch viel Bleisubstanz, die natürlich Kleinkindern, die Spielzeug auch in den Mund nehmen, schadeten. Das Gummi konnte aber bald mit neuen Substanzen versehen werden, die keine gesundheitlichen Schäden verursachten.
Die Gummipuppe blieb im ganzen gesehen ein unbedeutender Mitläufer in der Puppengeschichte.

106 Katalogseite der Gummi-Spielzeug-Fabrik Albert Cohen, Vaillant & Co., Hamburg-Harburg aus dem Jahr 1859.

Stoffpuppen von Käthe Kruse

Neben der Porzellan- war die Stoffpuppe sehr beliebt, deren bekanntestes Erzeugnis unter den »Sammel-Puppen« die Käthe-Kruse-Puppe ist.
Käthe Kruse hatte um 1923 in einer Streitschrift für ihre eigenen Puppen Gummipuppen als pädagogisch ungeeignet abgelehnt. Gummipuppen waren damals meist mit einer Quietschstimme versehen und für die Altmeisterin der Stoffpuppe ein Greuel.
Ihren Angriffen gegen die Gummipuppen folgten die Attacken gegen die Porzellanpuppen. Im Grunde war die Auseinandersetzung aber nichts anderes als ein gelungener Werbetrick, der ihre Stoffpuppen als die allein spielfreundliche Puppenart propagieren sollte.
Die Stoffpuppen der Käthe Kruse blieben, was sie immer gewesen waren: teure Puppen für Kinder aus gehobenen Schichten. Damit soll nicht die Käthe-Kruse-Puppe und ihre Rolle in der Puppengeschichte geschmälert werden. Heute ist sie ein begehrtes Sammelobjekt und erlebt zur Zeit insbesondere in den USA eine neue Renaissance.
Die Stoffpuppe konnte ihren Platz in der Puppenhierarchie jahrzehntelang behaupten. Wir erinnern uns: die Wachspuppenhersteller Montanari hatten in London schon 1851 Lumpenpuppen vorgestellt. Daraus entwickelten sich in England Handarbeits- und Dekorationspuppen, die sogenannten Trödler-Puppen – Peddlar-Dolls, Wahrsage-Puppen und Nadel-Puppen, deren Schnittmuster in den Frauenzeitungen veröffentlicht wurden.
In Sonneberg wurde in der Zeit von 1865 bis 1880 in der Werkstatt Georg Hetzels eine im Kopf weich gestopfte Puppe produziert, bei der man die Gesichtshälfte aus Wachsguß mit Stoffüberzug anbrachte. 1890 kam ein Fabrikat auf den Markt, bei dem der ganze Körper samt dem Kopf weich gestopft war. Das Gesicht wurde auf Stoff gedruckt und aufgenäht.
Der Sonneberger Puppenfabrikant Fritz Bierschenk stellte im Jahre 1906 sogenannte Stockener Puppen vor. Der Stoffkopf trug keine

107 Postkarte mit Käthe-Kruse-Puppe aus dem Jahre 1909.

108 Zwei Käthe-Kruse-Puppen nach 1930 mit Original-Garderobe und Zubehör.

Puppen-Atlas

Perücke, sondern mit Ölfarbe aufgemalte Haare, auch Gesicht, Augen und Mundpartien waren in Öl gemalt.
Die Geschichte der Käthe-Kruse-Puppe begann ganz privat in Berlin. Käthe Kruse entwarf und nähte ihre ersten Modelle für ihre Kinder. Sie wollte den Kindern eine unzerbrechliche, dauerhafte Puppe aus Stoff machen, deren Gesicht ebenfalls aus Stoff sein sollte.

1910 war die Käthe-Kruse-Puppe »geboren«. Auf der Berliner Ausstellung »Spielzeug aus eigener Hand« wurden die Käthe-Kruse-Puppen mit Lob und Anerkennung bedacht. Als Vorbild hatte Käthe Kruse ein modellierter Kinderkopf aus der Zeit der italienischen Renaissance gedient (Fiamingo-Kopf).
Die Puppenfabrik Kämmer & Reinhardt in Waltershausen, gerade 25 Jahre alt und ein expandierendes Unternehmen, sah hier eine große Marktchance und einigte sich mit Frau Kruse, diese Puppen in Waltershausen industriell herzustellen.
Doch diese Zusammenarbeit wurde nach wenigen Monaten schon wieder beendet: in Güte einigte man sich über die Auflösung des Vertrages, weil die fabrikmäßige Herstellung nicht zur Zufriedenheit der Auftraggeberin ausgefallen war. Auch die Kooperation mit der Firma Fischer, Naumann & Co. in Ilmenau blieb ohne den gewünschten Erfolg, so daß Käthe Kruse sich entschloß, einen eigenen Betrieb aufzumachen.

Puppen mit imprägnierten Nähten

Nach 1918 entstand dann in Bad Kösen an der Saale die »Werkstätte der Käthe-Kruse-Puppe«. Die Urform dieser Puppe bestand aus einer genähten Hülse aus wasserdichtem Nessel, mit Rohhaaren gestopft, die aber nicht kleben durften. Durch imprägnierte Nähte konnte keine Feuchtigkeit eindringen.

Die so hergestellten Puppen hatten ein besonderes Merkmal, daß sie vor vielen Nachahmungen schützte: sie waren genau 43 cm

109 Portrait der Frau Käthe Kruse.

110 Charaktersoldat der Firma Steiff, Giengen, aus dem Jahre 1914.

groß und hatten unter der linken Fußsohle den Fabrikstempel und die Fabrikationsnummer.

Die industriell genutzten Ideen der Frau Kruse brachten 1922 das sogenannte »Schlenkerle«, einer neuen Erfindung, hervor: eine Puppe, die lose, locker und weich hergestellt wurde, und die mit ihrem lachenden Gesicht für Kleinkinder geeignet war. 1925 entstand das »Träumerchen« und 1929 »Das deutsche Kind« nach dem Ebenbild des Kruse-Söhnchens Friedebald im Alter von vier Jahren.
Im Jahre 1930 wurde die neue Käthe-Kruse-Puppe »X« herausgebracht, 35 cm groß, mit schlankem Körper und beweglichem Kopf. Alle Kruse-Puppen haben eins gemeinsam: Haltbarkeit, Waschbarkeit, Weichheit und Schmiegsamkeit, und sie sind handgemacht. Ihr hoher Preis wurde durch den hohen Anteil der Handarbeit bei der Herstellung begründet.
Natürlich brachte der Erfolg der Käthe-Kruse-Puppen viele Nachahmer auf den Plan. Aber niemand konnte sich so recht mit Plagiaten durchsetzen. Käthe Kruse gelang es immer wieder, ihre Konkurrenten wirtschaftlich oder notfalls durch Einschaltung der Gerichte aus dem Feld zu schlagen.

Gepreßte Puppenköpfe aus Blech

Am 3. Februar 1886 meldete Joseph Schön aus Reichenbach in Schlesien unter der Nummer 38174 ein neues Patent an: Puppenköpfe aus Blech.
Schön, Mitinhaber der Firma Dittrich & Schön in Reichenbach, fand schnell eine Puppenfabrik, die bereit war, seine Blechköpfe zu verarbeiten: die »Fabrik gekleideter Puppen« Robert Hiller in Schweidnitz. »Unzerbrechlich, waschbar, leicht« waren die Schlagworte, mit denen für das neue Produkt geworben wurde. Doch der Erfolg blieb aus.
Erst als die Firma Buschow & Beck im Jahre 1890 die Firma Dittrich & Schön übernahm, begann der Absatz zu steigen. Die

111/112 Puppen der Firma Buschow & Beck, Reichenbach/Nossen, der Marke »Minerva«. Die große Puppe hat einen offenen Mund mit Zähnen (siehe auch 115) und einen Ledergelenkkörper (59 cm), die kleinere hat einen geschlossenen Mund und einen Stoffkörper (36 cm), beide um 1900.

113 Metall-Brustkopf der Firma Buschow & Beck, Reichenbach/Nossen, mit gemalten Augen und modelliertem Haar, 31 cm (um 1895).

Puppenhersteller orderten in größerer Zahl die gepreßten, emaillierten Köpfe, die sich von den porzellanen Biskuitköpfen im Aussehen nicht wesentlich unterschieden.
1893 erweiterte die Firma Buschow & Beck das Programm um eine weitere Neuheit: »Kurbelköpfe aus Blech mit gepreßtem und aufgemaltem Haar und mit Perücken und Zähnen«. 1896 verlegte der Betrieb die Fabrikation nach Nossen in Sachsen, um näher an die thüringische Puppenindustrie zu rücken. Der Markenname »Minerva« wurde auch im Ausland bekannt, als 1903 Puppenköpfe aus Blech mit Celluloidauftrag angeboten wurden. Qualitätsköpfe wurden jedoch nicht aus Blech, sondern aus Messing gepreßt, um die hochwertige Puppe vor Rost zu schützen.

114 Brustkopf der Firma Buschow & Beck, Reichenbach/Nossen, mit gemalten Augen und modelliertem Haar, Wachstuchkörper, 43 cm (um 1890).

Durch Erfindungen, die als Patente und Gebrauchsmuster angemeldet wurden, konnten die metallenen Puppenköpfe ständig verfeinert werden, so daß die Produktionspalette bald die gleiche Vielfalt aufwies wie bei den Biskuitköpfen: Schlafaugen, Metallgelenke usw.
Diese Metallpuppenköpfe hat es bis in die vierziger Jahre gegeben. Sie wurden jedoch wegen Eisen- und Stahlmangels im Zweiten Weltkrieg nicht mehr angeboten.

Celluloidpuppen

Die deutsche und französische Puppenindustrie stand seit 1880 vor großen wirtschaftlichen Problemen, denn fast die gesamte Produktion wurde ins Ausland verkauft. Die Schutzzölle der Importländer, die nach Gewicht der Ware festgesetzt wurden, waren sehr hoch und blockierten den Handel. So bemühten sich alle Puppenhersteller um niedrigere Gewichte ihrer Exportartikel.
Die Porzellanköpfe der Puppen wogen schwer. Fertig zusammengesetzte Puppen unterlagen dem Zolltarif, einzelne Köpfe dagegen nicht. Puppen aus dem leichteren Papiermaché waren weniger gefragt, es mußte also ein Ersatz-

stoff gefunden werden, der alle Qualitäten des Porzellans in sich vereinigte. Auch die Blechköpfe waren kein adäquater Ersatz.
Viele Fabrikanten experimentierten an der Neuentwicklung einer Masse, die die Köpfe leichter machen sollte.
Bald hatten einzelne Firmen, insbesondere im Sonneberger Raum, Eigenentwicklungen vorzustellen. Die Puppenfabrik Barbara Schilling in Sonneberg offerierte 1878 schon das »Bisquitfacon«, Cuno & Otto Dressel 1875 eine Holzersatzmasse und die Puppenfabrik Lichtenfeld in Bayern die »Glutgen«-Masse. Diese Werkstoffe konnten sich nicht durchsetzen, auch nicht das »Haralit« für die Puppentypen »Harald« und »Inge« der Firma Wagner & Zetsche in Ilmenau oder das »Cellunova« von Kley & Hahn im Jahre 1913.
Inzwischen aber hatte bereits ein neues Material das Kinderzimmer erobert: das Celluloid. Bei seinen vielen Vorzügen war es nicht verwunderlich, daß es auch in der Puppenbranche einen wichtigen Platz einnehmen konnte. Celluloid war leicht zu verarbeiten, konnte nicht zerbrechen und hatte nur ein geringes Gewicht; all diese Faktoren ließen es neben dem Biskuitporzellan zur zweiten tragenden Säule der Puppenindustrie werden.
Es war im Jahre 1869, als die Gebrüder Hyatt durch einen Zufall in New York das Celluloid erfanden. Grundstoff war die Collodiumwolle, der man Kampfer zusetzte; ferner wurde sie mit Schwefelsäure und Salpetersäure behandelt, wodurch sie sich in eine gallertartige Substanz verwandelte, die sich allmählich erhärtete und so zum Celluloid wurde.
Diese Masse ließ sich kneten und in Formen pressen, also dauerhaft färben und unkompliziert herstellen.
Ihre anfängliche Feuergefährlichkeit bereitete den Herstellern zunächst große Sorge, denn Celluloid war leicht entzündbar, wenn es mit einer offenen Flamme in Berührung kam. Aber im Laufe der Zeit gelang es, den Stoff feuersicherer zu machen.

115 Das berühmte Charakterbaby, Serie 100, der Firma Kämmer & Reinhardt, Waltershausen, wurde auch als Celluloid-Baby hergestellt, allerdings unter der Halsmarke 700 K&R-Schildkröt, 35 cm (um 1913).

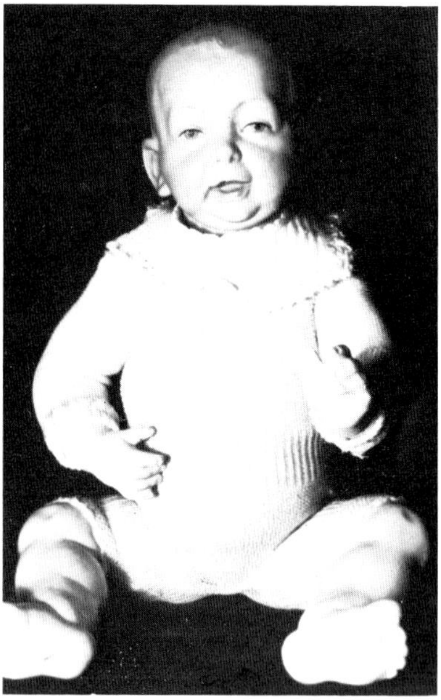

116 1925 inserierte die Firma J. Schuh, Stuttgart, diese Puppe. Die Köpfe sind von Schildkröt, 28 cm (um 1925).

Der »Schildkröt«-Konzern

Celluloidfabriken entstanden ab 1880 in allen Ländern Europas, nachdem die Patentrechte an kapitalkräftige Partner vergeben worden waren. Das führte dazu, daß sich zunächst große Konzerne etablieren konnten, bis die Herstellungsformel für jedermann zugänglich wurde.
Die Rheinische Gummi- und Celluloid-Fabrik in Mannheim-Neckarau, die späteren »Schildkröt«-Werke, wurden zum Branchenriesen für die Puppenherstellung aus Celluloid auf dem europäischen Kontinent.
Gegründet 1873, fabrizierte man zunächst Waren aus Hartgummi. Um 1880 begannen die ersten Versuche mit Celluloid, bis dann 1885 durch ein Feuer das Hauptwerk vernichtet wurde.
1888 wurde die Rohcelluloid-Abteilung aufgebaut und 1893 war man dann endlich soweit, daß Kämme aus Celluloid hergestellt werden konnten.
Puppen und Puppenköpfe wurden erst 1894 in das Fertigungsprogramm aufgenommen. Der Spiel-

warenhandel nahm den Werkstoff zurückhaltend auf, denn die ersten Celluloidpuppen waren noch steif und unbeweglich, die Köpfe nur mit bemalten Augen und modellierten Haaren versehen. Die Entwicklungsdaten für Celluloidpuppen sind an den Patenten und Gebrauchsmustern abzulesen, die von den »Schildkröt«-Werken (eingetragenes Warenzeichen 1899, rückwirkend bis 1889) angemeldet wurden. Wir entnehmen diesen Auszug dem »Puppen-Handbuch«, das von den Autoren 1977/78 herausgegeben wurde:
»1897: Celluloid-Augen für Puppen,
1898: Puppenaugen aus Glas mit Celluloid-Fassung
1899: Kurbelkopf mit abnehmbarer modellierter Frisur zum Einsetzen gläserner und beweglicher Augen, schwimmende Puppe mit beweglichen Gliedern, Decke von Celluloid zur Befestigung der Lagerung von Puppenaugen, Befestigung von Glasaugen für Puppen mittels Celluloid.
1903: Puppenkopf mit Kurbel- oder Schlafaugen.
1904: Celluloid-Puppenbalg mit beweglichen Gliedern (!), Badepuppen aus Celluloid mit Badehosen aus Stoff.
1905: Verfahren zum Einsetzen von Glasaugen in die Köpfe von Puppen aus Celluloid.
1910: Puppe mit auswechselbarem Kopf.«

Celluloidpuppen (um die Jahrhundertwende) wurden maschinell gefertigt. Die Einzelteile wurden gepreßt und mit Laschen zusammengeklebt. Auch durch Blasen in geschlossene Hohlformen wurden Celluloidpuppen hergestellt. Diese Methode ersparte die Arbeit des Zusammenfügens der Halbformen.

Um dem Celluloidkörper ein natürliches Aussehen zu geben, wurden die Stellen des Körpers angerauht. Eine trockene Schminke aus Zinnober und Karmin wurde dann mit dem Pinsel aufgetragen. Die gefärbten Partien wurden danach noch mit einem durchsichtigen Mattlack überzogen, damit ein glatter, natürlich wirkender Fleischton entstand.

117 Puppen der Firma Schildkröt von 1895–1930.

Stimmen, Augen, Automaten

Von Quietschstimmen und Phonographen

»Papa« und »Mama« konnten die ersten stimmbegabten Puppen noch nicht rufen. Die Spielzeugmacher verwendeten unbedenklich ein und dieselbe Stimme für die verschiedenen Tier- und Menschenspielzeuge. Diese einfachen Quietsch-»Universallaute« wurden in die feinsten Puppendamen eingebaut, aber auch in »brüllende Löwen«, »blökende Schafe« und »bellende Hunde«. Erst zur Zeit des Zweiten Kaiserreichs in Frankreich wurden diese primitiven Stimmaparate verbessert.
Ein geschickter Mechaniker erfand einen »Sprechmechanismus«, der die Zuhörer deutlich die Worte »Papa« und »Mama« vernehmen ließ. Es war aber ein äußerst kompliziertes, sehr teures und noch dazu unsicher funktionierendes Werk der Feinmechanik.
Erst die ständige Vereinfachung dieser Konstruktion durch die Spielzeugmacher und Stimmenmechaniker brachte ein brauchbares Instrument für die Puppenindustrie hervor.

»Mimi«, »Emmi« und »Marie«

Der erste, der in Thüringen solche Stimmen herstellte, war der Mechaniker Hensold aus Neustadt.

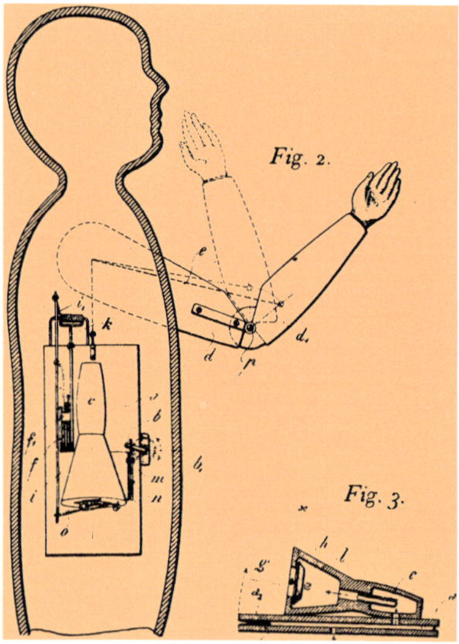

118 Patentierte Sprechpuppe der Firma Fleischmann & Bloedel in Fürth. Das Patent wurde unter der Nummer 83 684 am 10. November 1894 wie folgt registriert: »Den Gegenstand vorliegender Erfindung bildet eine Gliederpuppe mit im Innern derselben angeordnetem Sprechmechanismus, durch dessen Bethätigung gleichzeitig mit dem erzeugten Laut eine Bewegung des Puppenarmes hervorgerufen wird. Mit den zur Erreichung dieser Wirkungen dienenden Mitteln ist eine Einrichtung verbunden, vermittelst deren sich eine Veränderung in der Tonlage der Stimme bzw. eine Abwechselung in den gesprochenen Lauten hervorbringen lässt...«

119 Edisons Phonographen-Puppe von 1894. Rechts der eingebaute Sprechmechanismus.

Schon nach wenigen Jahren der Entwicklung kamen aus seiner Werkstatt Puppenstimmen, die auch »Mimi«, »Emmi« und »Marie« deutlich vernehmbar hören ließen. Es war äußerst komisch, wenn letztere mit verblüffender Verständlichkeit ihr Gaumen-R herausschnurrte. Diese Stimmmechanismen waren so brauchbar konstruiert, daß sie selbst in Paris guten Absatz fanden.
Eine gut gearbeitete Puppenstimme stellt mit ihren vielen Drähten, Klappen und Ventilen ein kleines Kunstwerk dar. Je nach Funktion unterschied man die verschiedenen Konstruktionen nach Zug-, Druck- und selbsttätiger Stimme. Besonders die Konstruktion, die durch ein auf dem Balgbrett befestigtes Gewicht betrieben wurde, setzte sich im Laufe der Jahrzehnte bei den Puppenbauern durch.

Edisons Sprechpuppe

Eine Stimmen-Revolution bahnte sich um 1888 an. Der Amerikaner Thomas A. Edison hatte den Phonographen erfunden, und die Edison Phonograph Toy Manufacturing Company in Boston konnte die Mechanik auf eine Größe bringen, die ohne Schwierigkeiten in einen Puppenkörper eingebaut werden konnte. Im Jahre 1889 vergab die Firma einen Auftrag an Jumeau in Paris und an einen Fabrikanten in Sonneberg. Beide Auftraggeber hatten Puppen zu produzieren, in die später in Amerika die Phonographen eingebaut werden sollten. Bei Auftragsertei-

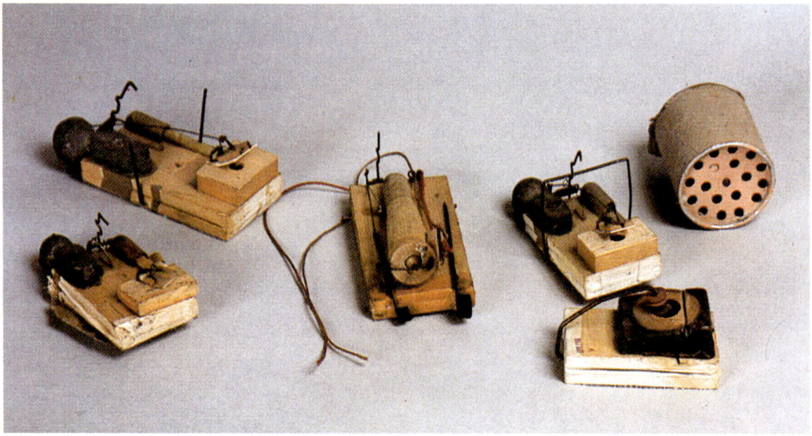

120 Verschiedene Stimmen und ihre Mechanismen.

lung hatte Edison schon Vorbestellungen von über einhunderttausend Sprechpuppen vorliegen. Zwei verschiedene Typen waren konzipiert: die »Gute« und die »Böse«. Im Gegensatz zur »Bösen«, die schimpfen konnte, war die »Gute« so programmiert, daß sie Bibelverse aufsagen und fromme Predigten zitieren konnte.

Jumeaus eigene Sprechpuppe

Die US-Firma Edison hatte sich wegen der komplizierten Mechanik und den dauernden Reparaturen am Phonographen nicht durchsetzen können.
Doch Jumeau in Paris, der die Puppen nach Boston geliefert hatte, ließ dieses Projekt keine Ruhe, bis er eine eigene Sprechpuppe mit verbessertem Phonograph konstruiert hatte. Das »Wunderkind« trug, notdürftig bekleidet, nur ein Hemdchen und kostete im Jahre 1894 immerhin 50 Franc.
Das Funktionsprinzip war einfach: Man ließ ein mit einer hellen, angenehmen Stimme begabtes Kind in den Phonographen sprechen, singen und lachen, der Phonograph gab dann diese Töne auf Abruf wieder von sich. Dieser Puppentyp ist heute noch auf Auktionen zu finden und kostet, weil es sich um Raritäten handelt, mehrere tausend Mark.
Der Jumeau'sche Erfolg mobilisierte auch die thüringische Industrie. Die Firma Kämmer & Reinhardt in Waltershausen wollte in das neue Geschäft einsteigen. Sie erwarb die Lizenz für das Grammophon, das Emile Berliner zum Patent angemeldet hatte.
1894 wurde diese deutsche Eigenentwicklung der Öffentlichkeit vorgestellt. Die Puppe sprach Kindergebete und sang Kinderlieder von Schallplatten, die in deutscher, englischer und französi-

scher Sprache vorproduziert worden waren. Die Puppe selbst war nur 60 cm groß, die Schallplatten konnte man dank einfacher Konstruktion schnell auswechseln. Doch das Grammophon hatte das gleiche Schicksal wie der Phonograph von Edison: Die Mechanik war für Kinderhände zu empfindlich, sie versagte einfach zu oft. Ob eine solche Kämmer & Reinhardt-Sprechpuppe erhalten geblieben ist, war bisher nicht feststellbar.

121–123 Prospekt zur »Arnoldia« – die singende und sprechende Wunderpuppe der Firma Max Oscar Arnold, Neustadt bei Coburg (um 1911).

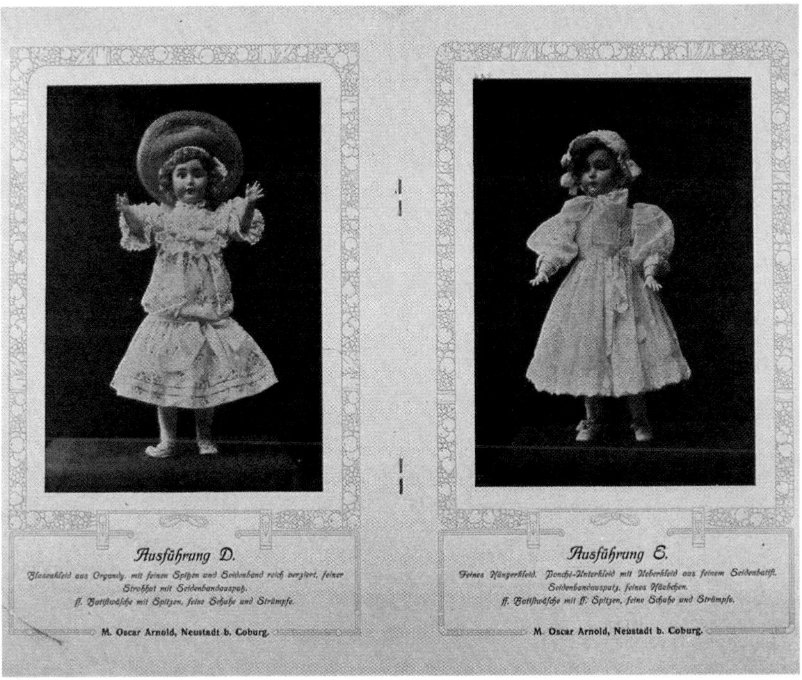

»Arnoldia« – ein neuer Versuch

1910 versuchte Max Oscar Arnold in Neustadt bei Coburg, mit einer verbesserten Sprechpuppe die Kinderherzen zu erobern. Es war die »Arnoldia«, die »singende und sprechende Wunderpuppe«. Sie war 75 cm groß, luxuriös gekleidet, mit beweglichen Augen (Halsmarke 5414). Ihre Schellackplatten wurden mit deutschen, englischen und französischen Liedern besungen. Die Phonographen-Konstruktion war robust und kinderfest eingebaut, der Schalltrichter führte vom Mechanismus im Körper durch den Hals direkt in

den Mund. Leider gibt es nur noch sehr wenige Exemplare dieser Puppen, die in einer eigens für sie gegründeten »Sing- und Sprechpuppen-AG« produziert wurden. Die Firma mußte schon drei Jahre nach ihrer Gründung wegen Absatzschwierigkeiten liquidiert werden.

Puppenaugen aus Lauscha

Mitten im Thüringer Wald, nur wenige Kilometer von der Spielzeugstadt Sonneberg entfernt, liegt der kleine Ort Lauscha, versteckt in hohen Bergen, die die wenigen Häuser schützend umgeben. In dieser Stadt der Glasbläser, der feinen Glaswaren und des Christbaumschmucks wurde am 4. September 1811 Ludwig Müller-Uri geboren. Angeregt und gefördert durch die Augenärzte Dr. Adelmann (Würzburg) und Dr. Bühner (Meiningen) entwickelte Müller-Uri die ersten künstlichen Menschenaugen, die natürlich überall in der Welt Aufsehen erregten und schon durch die Ortsnähe zu Sonneberg auch schnell Verwendung in der Puppenindustrie fanden.

Noch um 1835 war die Iris dieser Müller-Uri-Augen auf der Innenseite mit Farbe aufgemalt, aber schon wenige Jahre später wurde sie mit hauchdünnen farbigen Glasfäden aufgetragen. Um 1850 wurden Glasaugen dieser Art bereits bei den Sonneberger Wachs- und Papiermaché-Puppen verwendet.
In einem Katalog von 1838 heißt es dazu: Puppenaugen feine schwarze 100 Stück 0,65 Mk., feine Pariser blaue 100 Stück 2,30 Mk.

124 Über die Leipziger Puppendoktorin Schneider wurde 1873 ein ausführlicher Artikel veröffentlicht. Darin wird unter anderem ihre Handfertigkeit gelobt, die sie beim Reparieren von Augen, Gliedern und Perücken bewiesen hat.

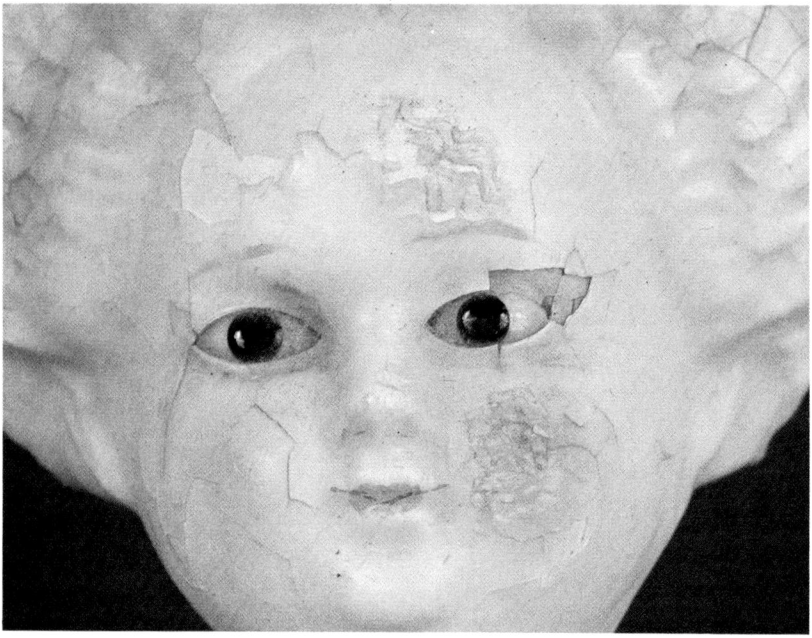

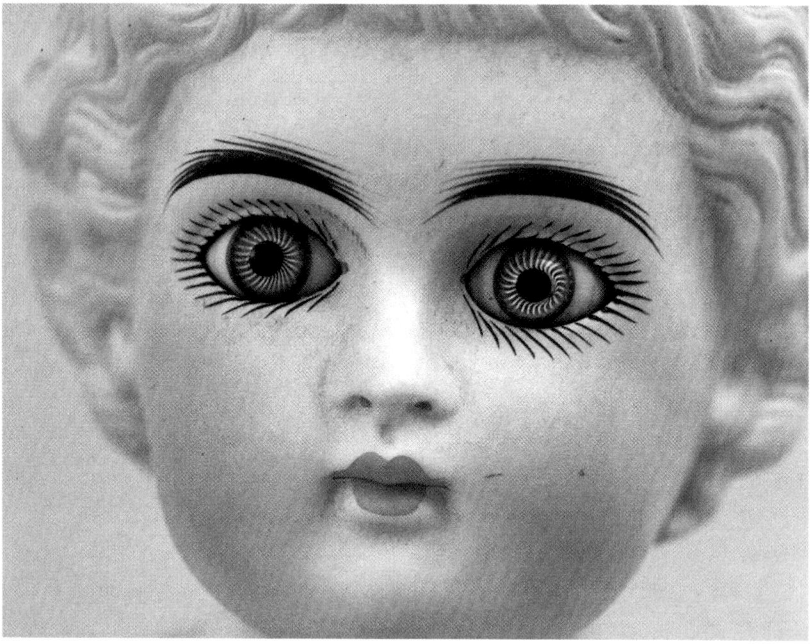

125 In den sogenannten »Kürbis-Köpfen« (Pumpkindolls) wurden pupillenlose, schwarze Augen verwendet, die noch um 1860 gefertigt wurden.

126 Blaue Augen mit Strahleniris (feine Pariser Augen), in einem Parian-Kopf.

127 Gemalte Augen waren die Vorläufer der Glasaugen in Porzellanpuppenköpfen. Die abgebildete Puppe ist aus Parian und stammt aus den Jahren um 1870.

Müller-Uri besuchte 1849 Paris. Dort erkannte man sofort die Möglichkeiten dieser Erfindung und versuchte, den begabten Glasbläser zur Übersiedlung nach Frankreich zu bewegen. Doch Müller-Uri merkte schnell, daß man seine Kenntnisse nur ausnützen wollte und ging nach Lauscha zurück. Dieser kurze Aufenthalt in Paris hatte die französische Puppenindustrie angeregt, auf eigene Art die Kunst der Augenherstellung weiter zu entwickeln.

Jumeau-Augen, berühmt für ihre Ausdruckskraft

Berühmt wurden die Augen der Puppenfabrik Jumeau mit der hellen, leuchtenden, fast kalten Iris (Paperweight-Augen). Puppen mit diesen Augen erkennt der Sammler sofort als Jumeau-Puppen, und sie finden trotz ihres hohen Preises bald einen Liebhaber.
Die Wirkung der Jumeau-Puppe blieb in Sonneberg nicht aus. Schon kurze Zeit später wurden dort ähnliche Augen mundgeblasen. Doch die Ausdrucksfähigkeit blieb weit hinter der der französischen Fabrikate zurück.

Mit der Erfindung des Uhrwerks hatte man auch für die Puppen einen Mechanismus entdeckt, der sie menschenähnliche Bewegungen ausführen ließ. Das Zeitalter der Automaten und Androiden begann.

Seit dem 18. Jahrhundert ist diese Entwicklung zu beobachten. Man beschränkte sich zunächst auf Einzelstücke, deren mechanische Werke voluminös und kompliziert waren. Mit der Puppenmassenfabrikation wurde der Bewegungsablauf vereinfacht und sinnreich verkleinert.

Mit Hilfe der verschiedenen Materialien, ihrer Entdeckung und Weiterentwicklung in der Puppenherstellung boten sich immer neue Möglichkeiten, eine immer kleinere Mechanik in immer kleinere Puppenkörper einzubauen.

Die erste Laufpuppe

Nachdem die Stimmen die Puppenwelt erobert hatten, brachte man in Paris bereits im Jahre 1826 die ersten Laufpuppen heraus. Nur kurze Zeit später folgten die Schlafaugen mit Zugvorrichtung.

Einer der bekannten Hersteller war der Franzose Jules Nicholas Steiner, von Beruf Uhrmacher, der sich 1855 eine Laufpuppe patentieren ließ. 1890 stellte er eine automatische Aufziehpuppe vor, die er »Babys erster Schritt« nannte; wenn sie aufgezogen war, bewegte sie ihr Köpfchen, hob die Arme und senkte sie wieder und bewegte die Beine zu Schritten nach vorn und hinten. Eine Stimmvorrichtung vervollständigte das Bild eines kleinen, laufenden Babys auf unsicheren Füßen.

Zeitgenosse von Steiner war Jean Roullet, der sich mit der Herstellung von automatischen Figuren und Tieren beschäftigte. Er erhielt zahlreiche Auszeichnungen, doch seine Erzeugnisse waren mit so anfälligen Uhrwerken ausgestattet, daß sie zwar heute jede Puppensammlung krönen, doch damals nicht sehr viele Käufer fanden.

Die Schwimmpuppe

Roullets Schwiegersohn Decamp ist der Erfinder der ersten Schwimmpuppe aus Porzellan, die zum ersten Mal in Paris vorgeführt wurde. Etwa zur gleichen

128/129 Eine sich »selbstthätig bewegende Puppe« wurde 1895 unter der Nummer 88 335 von der Fürther Puppenfabrik Fleischmann & Bloedel zum Patent angemeldet. Die Puppe wurde durch einen Uhrwerksmechanismus angetrieben, der über Ketten durch die hohlen Füße fast schreitende Bewegungen auslöste. Halsmarke: dep. 10 von Simon & Halbig, Gräfenhain.

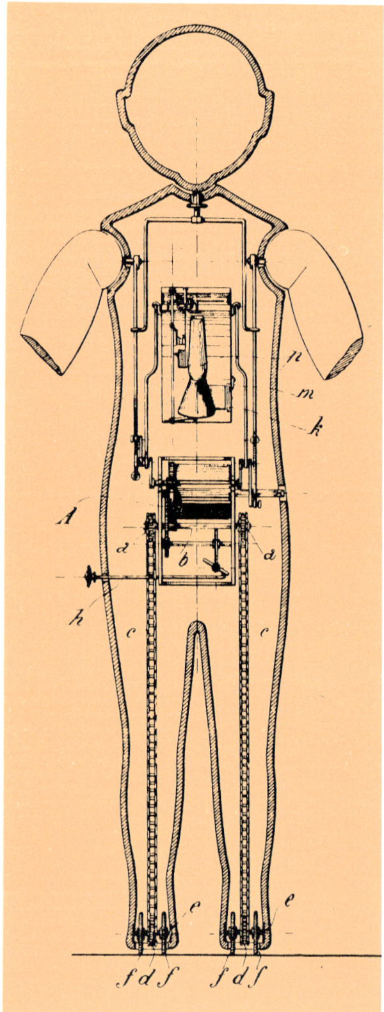

Zeit, am 17. März 1878, meldete ein gewisser E. Martin aus Paris beim Deutschen Patentamt in Berlin seine Schwimmpuppe »Undine« zum Patent an, das er unter der Nr. 2968 genehmigt bekam.
Die große Zeit der Automaten und Bewegungspuppen war zwischen

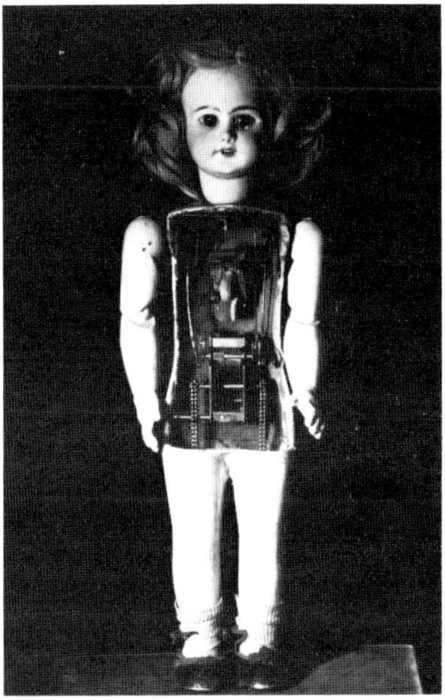

1880 und 1920. Die deutsche Produktion war nicht sehr bedeutend bis auf eine Entwicklung der Firma Fleischmann & Bloedel, Fürth, aus dem Jahre 1895. Die zum Patent angemeldete Laufpuppe mit Biskuitkopf und Papiermachékörper war zwar sehr groß, aber ihr Mechanismus robust genug, um in der Kinderstube eine gewisse Zeit zu überleben.
Die Puppe, deren Uhrwerk im Körper untergebracht war, hatte durch die hohlen Beine hindurch eine Kettenvorrichtung, die die Füße langsam nach vorn schreiten ließ, ähnlich, wie wir es heute bei den Spielzeugrobotern beobachten können.
Das Sammelgebiet der beweglichen automatischen Puppen ist recht umfassend und nur von erfahrenen Sammlern überschaubar. Es ist ein Spezialgebiet, das zwischen Spielzeug, Feinmechanik und Uhrmacherkunst angesiedelt ist.

Bilder nächste Seite:

130 Bernhard Keilich, Berlin, »größtes Spielwarengeschäft der Welt«, bot um 1900 eine Automatenpuppe an, die beim Fahren Kopf und Schellenbaum bewegt.

131 Blumenverkäuferin aus Frankreich, die mittels Uhrwerk unter der Plattform geradeaus oder im Kreis fahren kann, 26 cm (um 1885).

132 Laufpuppe mit Karre der französischen Firma SFBJ mit Uhrwerk und Gehmechanismus, 28 cm (um 1900).

133 Sehr seltenes Exemplar einer Schwimmpuppe aus Porzellan. Der Kopf stammt von der Firma Simon & Halbig, Gräfenhain, mit Korkkörper, Balsaholzgliedern und Zinnhänden, 42 cm (um 1895).

134 Puppenautomat, der durch Ziehen des Wagens in Bewegung gesetzt wird. Die linke Puppe dreht sich im Kreis, die rechte fiedelt auf der Geige. Hersteller unbekannt, 31 cm (um 1890).

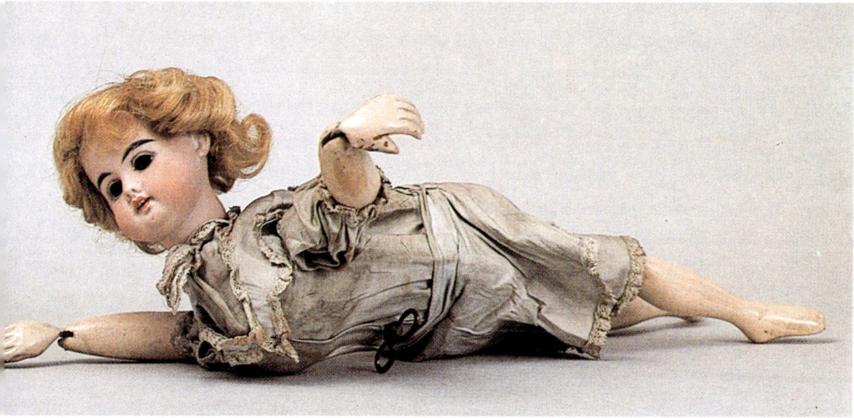

Die Puppenindustrie nach 1850

Frankreich

Die französische Puppenindustrie war bis um die Mitte des vergangenen Jahrhunderts führend in der Welt. Besonders in Paris hatte sich die Spielzeugbranche zu einem bedeutenden Wirtschaftsfaktor entwickelt. Paris zählte 1847 rund 370 Spielwarenfabrikanten mit über 2000 Arbeitern. In der Puppenindustrie gab es 90 Meister (sprich: Hersteller) mit insgesamt 805 Arbeitern und Arbeiterinnen. Der Tagelohn war nicht hoch; Männer verdienten im Durchschnitt 3 Francs 30 Centimes am Tag, Frauen einen Franc 60 Centimes.
Die Kinderarbeit war verbreitet, Angaben über Kinderlohn liegen aber nicht vor.
Die Meister arbeiteten oft allein, manche beschäftigten nur einen Mitarbeiter. Der Konkurrenzdruck war groß, die Preise für die Fertigprodukte entsprechend niedrig. So kosteten gekleidete Puppen mit Anzug und Hut 80 Centimes das Dutzend, Puppenkörper aus papiermacheähnlichen Massen etwa 25 Centimes das Dutzend.

135 Näherin in der Puppenfabrik beim Anfertigen von Puppenkleidung.

136 Portrait einer »117 A« von Kämmer & Reinhardt mit braunen Augen.

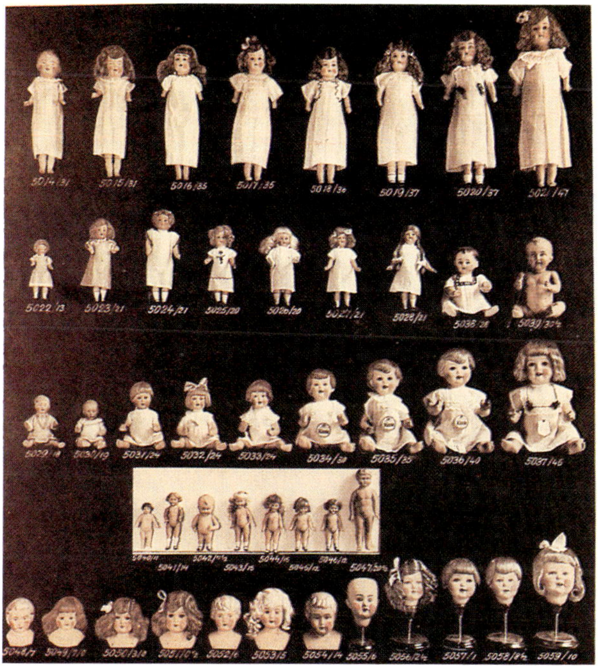

137 Musterblatt aus dem Katalog Cuno & Otto Dressel, Sonneberg, um 1914, angeboten werden »Täuflinge im Hemd«.

Erst in den 70er Jahren erweiterten die Kleinbetriebe ihre Kapazitäten, und die Firma Jumeau nahm als erste in eigenen großen Gebäuden und Sälen die Massenfabrikation von Puppen auf. Um besonders billig anbieten zu können, war alles unter einem Dach vereint: von der Porzellanfabrik bis zum Kleiderstudio. Französische Puppen gingen in der Hauptsache nach Übersee, insbesondere in die Auswandererländer Amerika und Australien.

England

Im Vergleich dazu zeigte sich die britische Spielwarenindustrie noch nicht weit entwickelt. Auf der Londoner Weltausstellung 1851 hatten sich die Engländer verständlicherweise besondere Mühe gegeben und im Bericht der deutschen Delegation wurde erwähnt, daß die britische Puppenindustrie mit 22 Teilnehmern voll repräsentiert gewesen sei. Sie aber eigentlich keine Spielsachen herstelle, sondern »mannigfaltige Modelle«, welche sich oft mehr »als Spielzeug für große als für kleine Kinder erwiesen«.
Selbst die Puppenindustrie war auf nur wenige Herstellernamen beschränkt: »Die Puppenköpfe aus Wachs oder Komposition wurden fast ausschließlich in England produziert, hölzerne Puppen und Papiermaché-Puppenköpfe jedoch von dem Kontinent bezogen, die

Leiber dazu aber in England verfertigt.«

Einzelteile aus Deutschland

Es war üblich, daß Puppenfabrikanten einzelne Teile hauptsächlich aus Deutschland bezogen, ob sie nun in Frankreich oder England ansässig waren. So wurden thüringische Biskuit-Porzellanköpfe nach dem schnellen Aufbau der deutschen Porzellanmanufakturen in alle Welt geliefert, in England und Frankreich dann mit den notwendigen Körpern und Gliedern versehen und als vollständige Puppe nach Übersee exportiert.
Um die aufblühende deutsche Puppenindustrie, die in den wenigen Jahren zwischen 1865 und 1880 Weltgeltung erlangte, zurückzudrängen, wurden Zollschranken aufgebaut, d. h. die heimische Industrie setzte sehr hohe Schutzzölle durch, damit die aus Deutschland gelieferten Puppen umso teurer wurden und nur wenige Käufer fanden. Damit geriet der Puppenabsatz ins Stocken, doch schon nach kurzer Zeit konnten die Thüringer durch Verringerung des Gewichtes und die Änderung der Machart die Handelshemmnisse umgehen. Oft war der Bedarf des jeweiligen Landes an deutschen Puppen so groß, daß man die höheren Preise gern in Kauf nahm, um nur die Puppen aus Thüringen an die Kundschaft verkaufen zu können. Eine andere Auswirkung war, daß die thüringischen Porzellanfabriken ihre Köpfe jetzt zentnerweise ins Ausland verkauften und dort eine Massenfabrikation aufgenommen wurde, die, als landeseigene deklariert, reißenden Absatz fand. Für Sammler eine wichtige Tatsache, denn auch die französische Paradefirma Jumeau gehörte zum Kreis jener Unternehmen, die importierte Einzelteile weiterverarbeiteten.

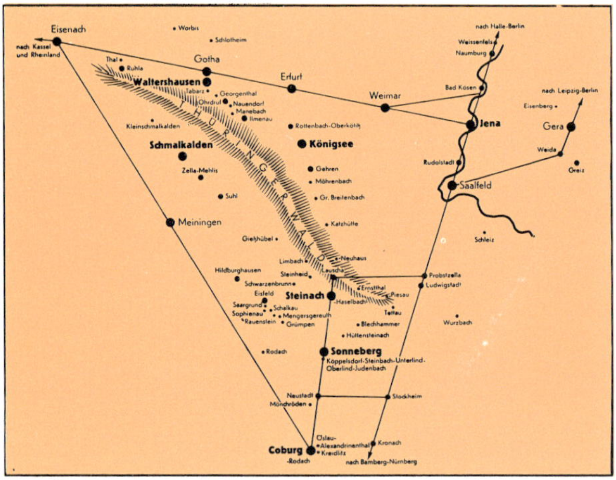

138 Karte des Gebietes der Thüringer Puppen- und Spielzeugindustrie. Die Linien zeigen die Eisenbahnverbindungen um 1920.

139 Stadtansicht von Sonneberg.

Beispiel Sonneberg

Die Organisationsform der Thüringer Puppenindustrie hatte neue Weltmärkte eröffnet und zählt zu den bedeutendsten Phänomenen der Puppenindustrie überhaupt. Ende des 18. Jahrhunderts konnten die Zünfte der Handwerker, durch staatliche Dekrete und Privilegien geschützt, ohne Furcht vor Konkurrenz arbeiten. An der Vertriebs- und Produktionsform änderte sich im Laufe der Zeit nur wenig: der Verleger vertrieb, die Heimarbeiter mußten fabrizieren. Als aber 1862 die Gewerbefreiheit kam und niemand mehr in seiner unternehmerischen Entfaltung von der Genehmigung des Staates abhängig war, herrschte in Sonneberg in kurzer Zeit wirtschaftliches Chaos. Jeder glaubte, sich selbständig machen zu können; Kleinbetriebe schossen aus dem Boden, Puppenfabriken wurden zu Hunderten eröffnet. Doch sie gingen alle ebenso schnell wieder ein, wie sie entstanden waren.

Verleger – Fabrikanten – Heimarbeiter

An der Spitze stand der Verleger, der die Waren von den Fabrikanten aufkaufte und in der ganzen Welt vertrieb. Die Fabrikanten arbeiteten auf eigenes Risiko oder hatten Auftragsarbeit an den Verleger abzuliefern. Zulieferer der Fabrikanten, die die Puppen eigentlich nur aus Einzelteilen zusammensetzten, war die Heimin-

dustrie mit Tausenden von Familien, die sich in und um Sonneberg angesiedelt hatten. Hier, am Anfang der Produktionskette, wurden die Arme und Beine der Puppen aus Papiermaché gedrückt, entstanden Holzgelenke oder feingearbeitete Puppenhändchen.
In einer Untersuchung um die Jahrhundertwende liest sich diese Organisationsform aus der Sicht der Verleger so: »Der Verleger bestellt nach einem Muster, das ihm der Kleinfabrikant vorlegt, eine Anzahl, oft mehrere tausend eines Artikels, beispielsweise Puppen.

Der Kleinfabrikant gibt die zur Herstellung der Waren benötigten Warenteile wiederum bei den hausindustriellen Teilarbeitern in Auftrag: bei den Drückern, Drechslern, Schnitzern, Stimmenmachern, Gelenkarbeitern, Bewegungsmachern, Augeneinsetzern, Balgmachern usw. Wenn die Teilarbeiter, die nicht selten ebenfalls Gehilfen in ihrem Hause beschäftigen, ihre Aufträge ausgeführt haben, dann setzt der Kleinfabrikant mit seinen Arbeitern die einzelnen Teile zusammen und verrichtet die mehr künstlerische Arbeit der Fertigstellung der Ware. Am Liefertag kommen die vollständig verkaufsfertigen Waren gegen sofortige Barzahlung zum Verleger, der sie verpacken und so lange aufstapeln läßt, bis sie zur Versendung gelangen können.«

140 Bild Seite 106/107: Auswahl von Charakterpuppen der Thüringer Puppenindustrie ab 1913.

Die Verleger profitieren

Diese dezentralisierte Betriebsform hatte selbstverständlich ihre Tücken und profitieren konnten davon nur die Verleger. Fabrikant und Heimarbeiter mußten auf eigenes Risiko produzieren, wurden gegeneinander ausgespielt und unterboten aus Gründen der Konkurrenz die Preise, nur, um im Geschäft zu bleiben.
Das bedeutete Billigstherstellung zu Niedrigstpreisen in Handarbeits-Massenproduktion am Rande des Elends, denn Arbeitskräfte gab es genügend. Es hatte sich nämlich schnell herumgesprochen, daß hier um Sonneberg ungelernte Arbeitskräfte gesucht wurden, und viele kamen und boten ihre Arbeitskraft denkbar billig an, nur damit sie einigermaßen ihr Auskommen hatten.

Fließband lange vor seiner »Entdeckung«

In dieser Situation des wirtschaftlichen Überangebotes von Arbeitskräften lag es nahe, Fabriken einzurichten, um durch standardisierte Massenproduktion in einer Hand Qualität und Quantität anbieten zu können. Viele der gangbarsten und dem Modetrend nicht unterworfenen Artikel, insbesondere Puppen, wurden in geschlossenen Räumen unter Aufsicht von einheitlich organisierten Lohnarbeitern hergestellt.
Die Fabriken übten einen ungeheuren Druck auf die Heimindustrie aus, zumal sie durch ihre Ka-

pitalkraft schneller investieren und sich leichter anpassen konnten.
Um überleben zu können, unterboten die Heimarbeiter die Fabrikpreise. Der Wettbewerb wurde immer ruinöser. Die billigen Preise und die Minimallöhne ließen es vielen Fabrikbesitzern vorteilhafter erscheinen, den Betrieb stillzulegen und wieder mit dem Vertrieb der Heimarbeiter-Waren das große Geld zu machen.
Zu Neuentwicklungen und Verwirklichung eigener Ideen konnte es bei diesem Wirtschaftssystem nur selten kommen. Deshalb wurden die Puppen-Neuschöpfungen des Auslandes kopiert und natürlich billiger hergestellt als im Ursprungsland. Und auch in der Sonneberger Industrie wurde eine gute Idee, Erfindung, ein gelungenes Modell sofort von der Konkurrenz nachgeahmt. Zahllose Erfindungen der französischen Puppenmacher hat man in Sonneberg rücksichtslos übernommen, so daß die Reaktion des Auslandes, das sich durch Zölle zu schützen suchte, verständlich war.
Dank der Möglichkeit der handgearbeiteten Massenanfertigung setzten sich die immer billiger werdenden Puppen durch, das Hauptabnehmerland Amerika diktierte Preise und Geschmack. Die Einkäufer der amerikanischen Handelshäuser gehörten in Sonneberg zum täglichen Geschäftsbild, ihre Praktiken des Puppeneinkaufes und -bestellens waren rüde und umstritten.

141 Ansicht aus einer Puppenfabrik in Sonneberg um 1920 bis 1925. In diesem Raum wurden die Körper zusammengesetzt.

Aus der
Spielwarenstadt
Sonneberg i/Thueringen

Welchen Wert der amerikanische Markt den Puppen aus Sonneberg beimaß, ist aus der Tatsache zu erkennen, daß die Kaufhauskette Woolworth ein eigenes Einkaufshaus in der Puppenstadt bauen ließ. Die Sonneberger Industrie lieferte alles, was bestellt wurde zu Preisen, die man ihr diktierte und zu Lieferzeiten, die nur unter größten Anstrengungen einzuhalten waren. Die Verkaufsabschlüsse wurden hauptsächlich in der Zeit der Leipziger Frühjahrsmesse getätigt. Sonneberg und die Spielzeughersteller hatten die Bedeutung der Leipziger Messe für den Handel früh erkannt.
Als erster Spielwaren- und Puppenhersteller war J. D. Kestner jun. aus Waltershausen ab 1840 regelmäßig nach Leipzig gekommen, und wenige Jahre später waren fast alle renommierten Puppenfabriken dort vertreten.
Vor und nach jeder Messe kamen die ausländischen Einkäufer nach Sonneberg, um an Ort und Stelle Geschäfte zu machen. Ein Blick in das Gästebuch von »Krug's«-Hotel in Sonneberg unter dem Datum vom 6. März 1881 zeigt deutlich, welches Interesse dieser Stadt und ihrer Industrie überall in der Welt galt: Wolf (Boston), Zetsche (Ilmenau), Schonmacher (New York), Charon (Maine), Schwarzschild (San Francisco), Tallmann (New York), Otto von Borries (Louisville), Lilie Ehrmann (Kentucky), Strobel

142 Postkarte der Puppenstadt Sonneberg für die Kunden in Amerika aus dem Jahre 1923.

143 Umschlag eines Kataloges der Sonneberger Firma C. G. Müller mit Photographien von Puppen und Täuflingen aus dem Jahre 1875.

144 Erinnerungsfoto auf dem Hof der Firma Cuno & Otto Dressel, Sonneberg, mit den englischen Vertretern der Firma Marks & Spencer. Mit Hut links Dr. Hans Dressel.

nebst Familie (Cincinnati), Groß (Philadelphia), Heinrichs (Chicago), Goebel (Oeslau), Winters (Philadelphia). Die beiden Namen Zetsche und Goebel sind dem Puppensammler bekannt: es handelt sich um den Puppenfabrikanten der Firma Wagner & Zetsche in Ilmenau und den Inhaber der Porzellanfabrik W. Goebel in Oeslau, der auch Puppenköpfe aus Porzellan herstellte und später durch seine Hummelfiguren weltberühmt wurde.
Dieser, an eine Goldgräberstadt erinnernde Boom, die Hektik und die starken sozialen Gegensätze beruhigten sich nur langsam und führten erst allmählich zu einem ausgewogenen Wirtschaftsleben.

Tausend verschiedene Puppen

In der Sonneberger Blütezeit wurden dort zwischen 20 000 und 30 000 verschiedene Artikel angeboten, das Musterzimmer einer durchschnittlichen Puppenfabrik zeigte bis zu tausend verschiedene Puppen.
Im Bemühen, den Weltmarkt zu erobern, hatten die Fabrikanten und Verleger vergessen, Nachwuchs heranzuziehen und auszubilden. Erst in den zwanziger und dreißiger Jahren des 19. Jahrhunderts fanden sich 135 Sonneberger Männer »aller Stände« im »Sonneberger Gewerbeverein« zusammen. In seinen Statuten war auch

145 Nach einem Foto: Treiben und Verkehr auf der Leipziger Messe um die Jahrhundertwende.

vorgesehen, die Lehrlinge der Puppenindustrie besser »zu beaufsichtigen und ihnen eine gute Ausbildung zu ermöglichen«.
Unter dem Leiter Bandorf wurde 1833 die Industrieschule gegründet, in der unter anderem auch das Modellieren von Puppenköpfen, das Schnitzen von Puppengliedern und andere handwerkliche Fertigkeiten gelehrt wurden. Diese Industrieschule förderte zwar den Nachwuchs, doch weil die Schüler Schulgeld bezahlen mußten, fand sie bald nur noch wenige Interessenten.
Erst die 1883 neu gegründete, staatlich subventionierte »Industrieschule« übernahm auch Entwicklungs- und Auftragsarbeiten von Fabrikanten. So mancher Puppenkopf und Puppenkörper ist hier als Modell entstanden und als zeichnerischer Entwurf niedergelegt worden.

Vom »Liefern«

Ein den wenigsten geläufiger Beruf in der Puppenindustrie ist der des »Lieferers«. Unter Liefern verstand man in Sonneberg nicht das Vertreiben der fertigen Puppen, sondern das »Anliefern« der Roh- und Teilarbeiten von der umliegenden Heim- und Hausindustrie in die großen Verlagsgeschäfte in Sonneberg. Geliefert wurden Arme, Beine, Köpfe, Gelenke, Hände usw.
Als Abliefertermin für Puppenartikel galt der Samstag. Jeweils an den letzten Tagen vor dieser Lie-

ferfrist herrschte besonders rege Betriebsamkeit, um den vereinbarten Termin einhalten zu können. Geliefert wurde in flachen Lieferschanzen, Tragekörben mit Gestellen, speziellen Lieferwagen, Handwagen und Hundefuhrwerken. Um Zeit zu sparen, wurden die Puppen-Einzelteile ohne Verpackung befördert. Sie wurden aufgeschichtet, reihenweise übereinander, so daß nur der Porzellankopf mit der bereits aufgesetzten Haarfrisur frei blieb.

Bevor die Eisenbahn in Thüringen die weit auseinanderliegenden Städte und Dörfer verband, mußte zu Fuß oder mit Pferdefuhrwerken über Land geliefert werden. Zu den Lieferterminen sah man die dichten Gruppen der Lieferleute auf Fuß- und Fahrwegen der Stadt zuströmen.
Die hochbepackten, mit weißen Tüchern überzogenen Tragkörbe verdeckten die Frauen und Männer, die unter dem großen Gewicht der Puppen und -glieder ächzten. Auf der Steinbank am Wegesrand wurde Rast gehalten, ein kurzes Schwatzen mit den anderen, dann ging es weiter.

Wenn grimmige Kälte und brausender Sturm im Winter meterhohe Schneewehen auftürmten, oder wenn Frühling und Herbst die Wege bodenlos und unpassierbar machten, dann konnte das Liefern lebensgefährlich werden. Trotz allem, das Liefern umwob ein kleines Stück Poesie; besonders für die, die ihre Ware selbst nach Sonneberg trugen. Unter Gesang und Schwatz' wurde der Liefertag, nach tagelanger Arbeit am Werktisch, zu einem Feiertag, zur willkommenen Gelegenheit, in die Stadt zu kommen und die neuesten Gerüchte, Nachrichten und Klatsch zu erfahren.

Riesige Fuhrmannswagen, die 150 bis 200 Zentner luden, nahmen die fertigen Spielwaren und Puppen auf und rollten mit ihnen den Hauptstapel- und Hafenplätzen Deutschlands zu. Die Fuhrleute, die für Bremen, Hamburg und Lübeck geladen hatten, fuhren meist am Sonntagmorgen vom Sonneberger Markt aus ab. Ein zeitgenössischer Augenzeuge erzählt:

»Wenn an einem schönen Sonntagmorgen auf einem nahen Waldberge man sich erging und die Kirchenglocken klangen herauf und die Vöglein sangen ihre Weisen, und es kam gerade so ein Koloß von einem Frachtwagen daher gefahren, da hätte man denken sollen, das Ächzen des schwerbeladenen Gefährts, das Jüh-Geschrei, das Peitschenknallen und das Gebell des Fuhrmannspitzes hätte einem die Sonntagsstimmung vertrieben. Aber nein! Wer halbwegs ein weiches Gemüt hatte, der ist erst recht andächtig gestimmt worden. Hat doch so ein Wagen die Wochenerzeugnisse von hunderten fleißiger Familien von Sonneberg und Umgebung hinausgetragen an die Seehäfen. Und man hat sich gesagt: Glückliche Reise, Fuhrmann! Behüt' Dich Gott und Deine Fracht!«

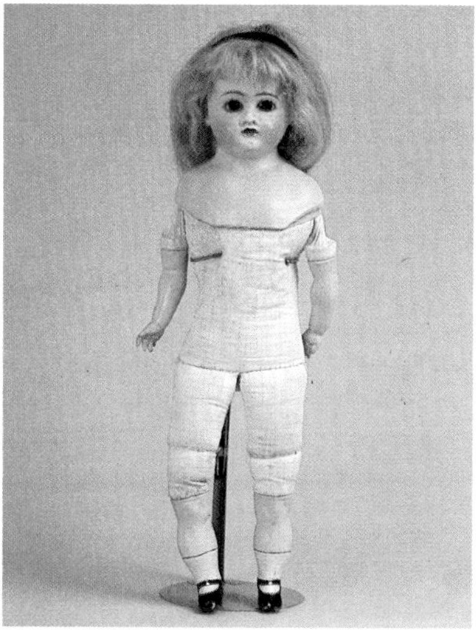

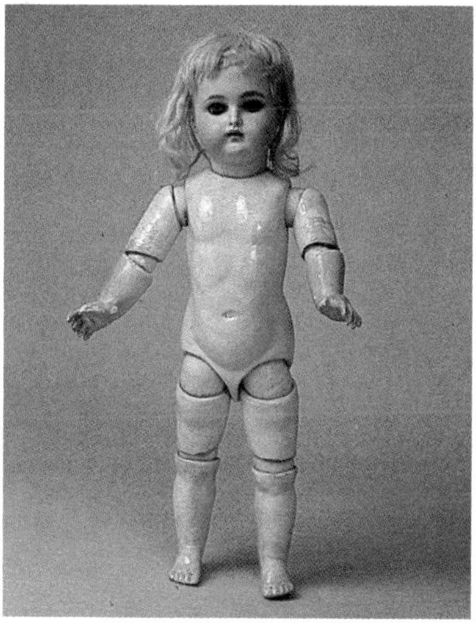

146 Papiermaché-Puppe mit eingesetzten Glasaugen und typischem Stoffkörper. Arme und Beine aus Masse, 55 cm (um 1910).

147 Kugelgelenkkörper einer Puppe um 1892, vermutlich J. D. Kestner jun., Waltershausen. Halsmarke 192. Sehr schöner Körper, 38 cm.

148–150 Baby der Firma J. D. Kestner jun., Waltershausen, Serie 152. Auf den Abbildungen erkennt man deutlich die verschiedenen Spielmöglichkeiten einer Puppe mit Babykörper, 36 cm (um 1915).

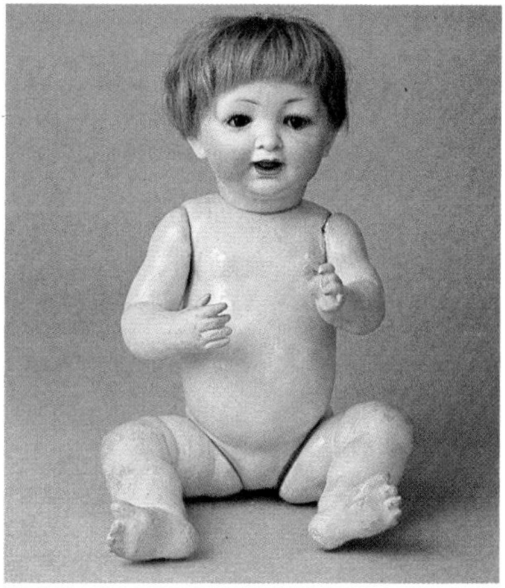

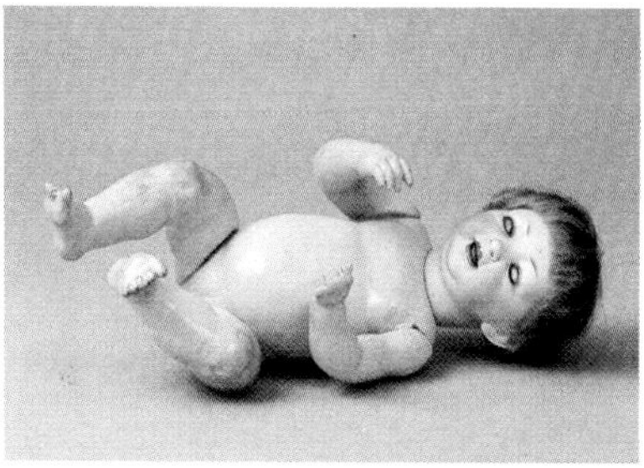

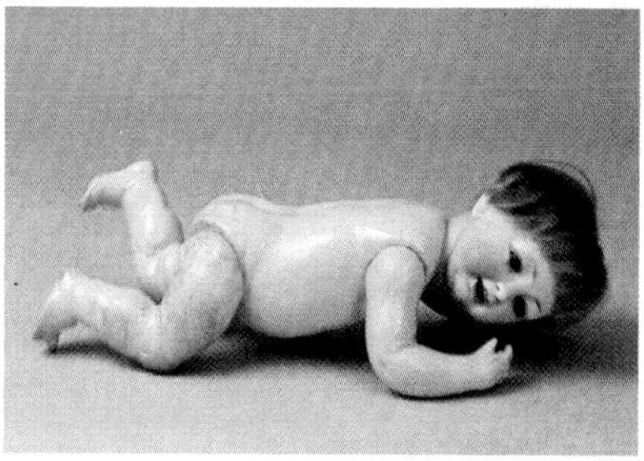

151 Das Foto zeigt die Lieferfrau Ernestine Brandt, die 1825 in Schalkau geboren wurde und Puppen und Puppenteile in und um Sonneberg transportierte. Sie starb im Jahre 1901 bei der Lieferung von Puppen in einem Straßengraben.

Die soziale Lage der Heimarbeiter

Die soziale Lage der Heimarbeiter im Thüringer Wald stand um die Jahrhundertwende im Mittelpunkt der Gewerkschafts- und Parteiinteressen. Ein objektives Bild vermittelt eine Studie aus dem Jahre 1885, die wir Dr. Emanuel Sax zu verdanken haben. Er schildert ausführlich, wie die Verhältnisse in Sonneberg gewesen sind und unter wie elenden Umständen meist die Puppen entstanden sind, die vielen Kindern in aller Welt Freude bereiten sollten:

Die Wohnungen der Kleinfabrikanten in Sonneberg bestehen gewöhnlich aus Stube und Kammer, die Räume sind niedrig und von Handwerksgeräten vollgestopft. In der Stube wird Sommer wie Winter ununterbrochen geheizt, damit die Puppenbälge aus Papiermaché besser trocknen, die ringsum den Herd auf Stangen und Brettern stehen. Am Ofen ist eine Vorrichtung angebracht, um heißes Wasser zu halten, der aufsteigende Wasserdunst schlägt sich in der kälteren Schlafkammer nieder und vermehrt dort die Luftfeuchtigkeit.
Die Arbeitsstube, zugleich Küche und Wohnstube, wo sich die Kinder drängen und der Meister arbeitet. Die Kammer hat kein Fenster. Sie enthält Platz für zwei bis drei Betten, die so nahe zusammenstehen, daß zwischen ihnen kein Durchgang frei bleibt.
Nachts dient jedes Bett zwei Personen zur Lagerstätt, oft sind es aber auch bis zu vier Personen. »... Zwei mit dem Kopfe nach aufwärts und zwei abwärts.« Man schaudert zurück vor dem Elend, das einem hier begegnet.
Die Wohnhäuser muß man gesehen haben, in welchen 25, 30 und mehr Menschen über und nebeneinander gestopft wohnen. In den krassesten Fällen schreitet die Sanitätspolizei ein. Ein Bekannter

zeigte mir ein zweistöckiges Haus mit fünf Fenstern Front, welches von 58 Personen bewohnt war, bis es polizeilich geräumt werden mußte.

Wie es in solchen Wohnungen um die Reinlichkeit bestellt ist, läßt sich leicht denken. Unter der Woche wird nicht gekehrt, es sammeln sich an den Werkeltagen die Abfälle bei der Arbeit zu stattlichen Haufen an, welche erst am Sonnabend Nachmittag hinausgeräumt werden, wenn die Waare in Schanzen gethan ist, um aufs Comptoir getragen zu werden. Dann wird alles Hausgeräth gescheuert und der Fußboden aufgewaschen, aber selten erstreckt sich die Reinigung bis auf die Schlafkammer, welche vielmehr in ihrem gewohnheitsmäßigen Schmutze bleibt. Ein Bezirksvorstand erzählt mir, oft findet er Mütter, die die Wäsche machen, während die Kleinen sich nackend auf dem Boden wälzen, sie haben eben nur ein Hemd, das gerade für den Sonntag rein gewaschen wird, die Alten sind schon besser dran, die haben zwei Hemden, eins auf dem Leib und eins auf dem Zaun zum trocknen.«

Wie die Wohnung, so die Nahrung. Sie besteht meist aus Kartoffeln, die in allen Gestalten auf den Tisch kommen. Man nimmt sie am Morgen zum Cichorien-Aufguss oder der »Kaffeebrühe«, und genießt als zweites Frühstück Brot mit Kaffee. Zu Mittag gibt es allerlei Kartoffelspeisen, dazu wird ein Hering geholt, oder etwas Fett vom Metzger, die Ärmsten müssen statt des Herings mit der Salzlake vorlieb nehmen, sie nennen das »Heringsbrühe«. Fleisch wird selten gegessen, im Grünthal (Vorort von Sonneberg) wo die Bevölkerung am dichtesten ist, da gibt es wenig Metzger und die machen keinen Umsatz. Zur Vesper wird wiederum Kaffeebrühe genommen oder sie holten vom Metzger ganze Töpfe'voll Wurstsuppe, wie sie das Wasser nennen, worin die Würste gekocht werden, das erhalten sie umsonst oder für geringes Geld und darin schneiden sie Kartoffelstücke. »Kartoffeln in der Früh,

152 Fertige Puppen wurden verpackt mit großen Pferdekarren von Sonneberg zu den großen deutschen Seehäfen gebracht.

zu Mittag in der Brüh, des Abends mitsamt dem Kleid – Kartoffeln in Ewigkeit« – lautet ein Vers, in welchen sie ihre Tafelgenüsse zusammenfassen.
»Waltershausen hat seine besondere Küche, dort lebt die arbeitende Klasse hauptsächlich von kaltgeschlagenem Leinöl und Kartoffeln, im Winter, wenn die

153 Leben und Treiben in Sonneberg um 1900.

Wursterzeugung im Orte lebhafter wird (Waltershausen ist auch für seine Wurstproduktion berühmt gewesen), werden viel Schnippeln gegessen, das sind Sehnen, welche aus dem Rindfleisch herausgeschnitten werden, bevor es zu Wurst verarbeitet wird.« Bei dieser Armut ist es nur zu selbstverständlich, daß es zu schweren gesundheitlichen Schäden kommt. Insbesondere die Tuberkulose häufig ausgelöst durch den Porzellanstaub, rafft viele Menschen dahin.
Ein anderes Problem war die öffentliche Prostitution in Sonneberg. Dazu heißt es in einem anderen zeitgenössischen Bericht:
»... Es ist in Sonneberg öffentliches Geheimnis, daß eine Anzahl Frauen und Mädchen der Arbeiterkreise sich nächtlicherseits prostituieren. Da die hausindustrielle Arbeiterin das einzige, was sie besitzt, ihre Arbeitskraft, zu billig weggeben muß, sieht sie sich vielfach gezwungen, auch noch den Träger dieser Arbeitskraft, ihren eigenen Leib zu verkaufen. Die Mädchen und Frauen laufen abends auf den Straßen umher und suchen sich einen Schatz – natürlich gegen Geld. Bis ganz vor kurzem war der Schauplatz dieses nächtlichen Treibens der Sonneberger Bahnhof. Wenn die Reisenden – und Sonneberg hat einen ziemlich großen Fremdenverkehr – auf dem Bahnhof mit den Abend- und Nachtzügen ankamen, so fanden sie dort stets Arbeiterfrauen und Mädchen vor, die ihnen gegen geringes Entgelt gefällig waren. Etwa vor zwei bis drei Jahren hat die Polizei dort dem Treiben ein Ende gemacht. Die Folge ist eine Verlegung des Schauplatzes in die Innenstadt gewesen.«
Die Kinderarbeit war eines der schwersten sozialen Probleme in der Sonneberger Heimindustrie. Auch hierzu ein Dokument aus den Tagen um die Jahrhundertwende:

154 Charakterbabies (Asiaten) von Armand Marseille. Papiermaché und Biskuit.

»Die Arbeit des Kindes wird ganz allgemein nicht als ein Faktor betrachtet, der die Produktionskosten erhöht. Es ist eine Gratisarbeit, die keinen Preis besitzt. Welche Werte sich aber in der Arbeit der Kinder verdichten, dafür nur ein Beispiel von vielen. In Sonneberg traf ich in einer Drükkerfamilie einen Knaben, der Puppenarme in die Form drückte und nachher aushöhlte. Trotzdem das Kind wöchentlich 28 Stunden in der Schule sitzt, muß es doch mit den Eltern bis spät in die Nacht arbeiten, so daß es häufig bis zehn Uhr und länger dauert, ehe die kleinen Finger zur Ruhe kommen. Von diesen Ärmchen werden in der Woche immerhin hundert bis 200 Paar Dutzend gedrückt, so daß das Kind mit einem Bruttoerlös von fünf bis zehn Mark zu dem Verdienste seiner Eltern beisteuert ... Unvergeßlich wird mir ein kleiner 5jähriger Junge bleiben, der nach Art eines Orientalen die Beine übereinander geschlagen auf dem Boden saß und mit erstaunlicher Schnelligkeit Puppenhöschen umstülpte. Den ganzen Tag über ...«

Wer billig produzierte,verdiente nicht viel, hatte aber Aussicht auf ein kontinuierliches Geschäft. Die Puppenhersteller in Sonneberg, deren Produktion auf bessere Puppen abgestellt war, mußten sich den jeweiligen Modetrends anpassen. Eine fein gekleidete Puppe änderte ihre Toilette jedes Jahr. Sie war für die feinere Gesellschaft und deren Kinder bestimmt, die natürlich höhere Ansprüche an ihr Spielzeug stellten.

155 Glasaugenbläser in der Heimindustrie um 1910.

156 Das Wohnen, Arbeiten und Schlafen der Heimarbeiter spielte sich in einem Raum ab. Zur täglichen Arbeit gehörte auch das Glas Bier. Das Kind, etwa fünf Jahre, hat ebenfalls einen großen Krug Bier in der Hand. Im Vordergrund ein Korb, in dem das Baby schläft.

Der Sonneberger Exporteur hielt sich gewöhnlich die bekanntesten Modejournale im Abonnement, um zu erfahren, was die Puppen im nächsten Frühjahr in Paris, London, New York oder auch Berlin an Kleidung tragen würden. Vielleicht ein langes oder ein kurzes Kleid, weiter oder enger Rock, mit oder ohne Hut – alles mußte zur Messe vorbereitet sein. Große Puppenbekleidungsfabriken hielten sich werkseigene Direktricen, die hoch bezahlt wurden und die neuesten Modetorheiten in die Schneider- und Näherinnenstuben weitergeben mußten. Auch die Frisur war diesen Gesetzen unterworfen. Ein Zeitgenosse berichtet um die Jahrhundertwende aus der Puppenmetropole Waltershausen: »Wenn ich im Frühling hier (in Waltershausen) Einzug halte, weiß ich schon nach dem ersten Ausgang, welch' allerneueste Haarfrisur die Puppen unserer Stadtkinder am nächsten Weihnachtsabend haben werden ... Die frisierenden Mädchen vollziehen nämlich zuerst am eigenen Haupte, was seitens des Fabrikanten als Haarmode für die kommende Wintersaison im Frühling bestimmt worden ist. Zwei Drittel dieser Mädchen sehen darum hüb-

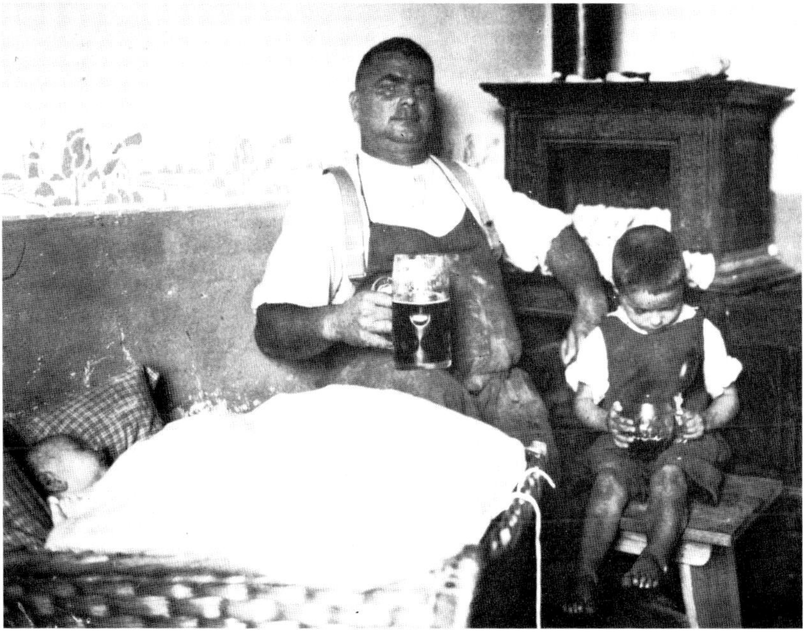

157 Papiermaché-Modepuppe mit Glasaugen und Mohairlocken, Stoffkörper, modellierten Stiefeln aus Papiermaché und Armen aus dem gleichen Material, 67 cm (um 1905).

158 Papiermaché-Puppe der Sonneberger Firma Ww. Barbara Schillig mit der Engelmarke, die auf dem Körper abgebildet ist. Die Puppe hat eine Fellperücke und Glasaugen, 47 cm (um 1885).

schen lebendigen Puppenköpfen gleich und wo ein Schwarm durcheinander sonntags oder nach Feierabend wimmelt, kann ein erfahrenes Auge an der untereinander abweichenden Haartracht die einzelnen Firmenschilder der Puppenfabriken unterscheiden ...« Die Idee, Puppen nach der neuesten Mode zu kleiden, stammt aus Frankreich. Dort wurde bereits um 1840 mit der luxuriösen Massenkonfektion begonnen. Es wurde weniger Wert auf die Machart der Puppe als auf ihre Ausstattung gelegt. Und der Pariser Puppenfabrikant Jumeau ist auf der Weltausstellung 1851 in London zunächst durch die vorzügliche Kleidung seiner Puppen aufgefallen.

In Sonneberg wurden bis gegen 1880 Puppen nur mit einem Hemdchen bekleidet. Mit der Gründung von Puppenfabriken mit eigener Schneiderwerkstatt und selbständigen Puppenausstattern wurde die Puppenindustrie um ein interessantes Gebiet erweitert. Die Produktion von modischen Puppenkleidern wurde gleichbedeutend mit der Herstellung der Puppen.

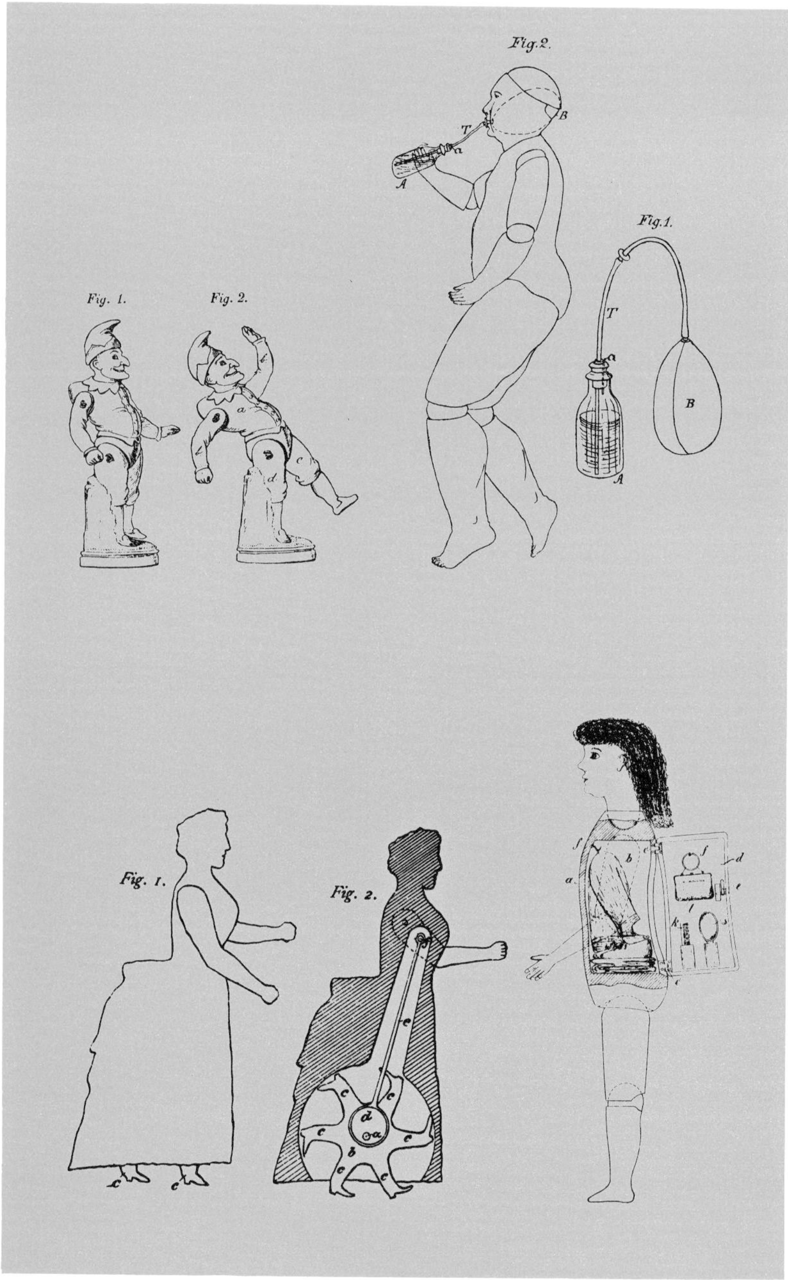
Fig. 2.
T
B
A
Fig. 1.
T
B
A
Fig. 1.
Fig. 2.
Fig. 1.
Fig. 2.

Kuriositäten

Eine so vielfältige Geschichte der Puppe ist natürlich auch voller Kuriositäten und Absurditäten. So berichtet der Abbé Prevost im Jahre 1704 über eine Puppe, die einen eigenen Paß besaß. Wie damals üblich, wurde die neueste Mode des französischen Hofes mit Modepuppen dem englischen Königshaus übermittelt. Um den Modeverkehr so problemlos wie möglich zu gestalten, erteilten die Minister des französischen und des englischen Hofes der Puppe einen Paß, der von beiden Seiten bis zur letzten Konsequenz Gültigkeit hatte. Selbst in kriegerischen Auseinandersetzungen der beiden Regierungen hatten die Waffen zu ruhen, wenn diese Modepuppe, nach neuestem Pariser Chic gekleidet, über das Schlachtfeld getragen wurde. Selbst die Kanonen sollen geschwiegen haben.

Etwa zur gleichen Zeit entstand die berühmte Puppe von Brüssel, welche von dem Skulpteur Duquesnoy zum Andenken an den Sieg von Ransbeck für die Bevölkerung angefertigt wurde. Diese Puppe hatte während der Auseinandersetzungen zwischen den Regierungen eine wechselvolle Reise angetreten. Die Engländer brachten sie nach der Schlacht von Fontenoy nach England, aber den Belgiern gelang es auf diplomatischem Wege, die Puppe wieder in ihren Besitz zurück nach Brüssel zu holen. Ähnlich erging eine Deportation der Puppe nach Frankreich aus, die dann nach wenigen Jahren wieder an Belgien zurückgegeben wurde. Diese Puppe ist auch die einzige, der königliche Ehrungen zuteil wurden. Erzherzog Maximilian gab ihr königliche Kleider und einen Diener. Ludwig XV. machte sie zum Ritter seines Ordens und Josef II. von Österreich ließ ihr die gleiche Ehre zukommen.

159 Verschiedene Patente für Kuriositäten.

Puppen wurden zu allen Gelegenheiten und Anlässen benutzt. In Paris war es um 1910 üblich, selbstgebastelte Puppen als Eier- oder Teewärmer auf den Tisch zu stellen. Sie waren mit einem ovalen oder runden Reifrock ausgestattet und entsprechend stilgerecht angekleidet. Weniger umfangreich, aber mit historischen Kostümen versehen war die sogenannte Menüpuppe. Sie stand auf der gastlichen Tafel vor dem Teller des Gastes. Auf ihrer Schürze war die Speisenfolge geschrieben. Der Gast durfte diese Schürze abbinden und mit nach Hause nehmen.

Eine besondere Vorliebe für die kriegerische Darstellung von Puppen entwickelte Anfang dieses

Jahrhunderts die Firma Steiff in Giengen. Es waren weichgestopfte Soldatenfiguren, die sie 1911 auf der Leipziger Messe vorstellte. Die Fachpresse war begeistert: »Die Vorliebe unserer Jugend für die bewaffnete Macht hat die Puppenindustrie aufgegriffen...« hieß es in einer Veröffentlichung. Die Puppen waren 36 und 40 cm groß und in allen Waffengattungen vertreten: rote Husaren mit niedlichen Miniatur-Säbeln, schneidige Ulanen, weiße Kürassiere und dunkellockige Dragoner. Mit Beginn des Ersten Weltkrieges wurden alle Waffengattungen und Nationalitäten von Steiff angeboten. Die naturgetreue Ausführung und solide Verarbeitung begründeten den geschäftlichen Erfolg.

Uniform- und Charakterpuppen prägten die Jahre um 1910. Zur Erinnerung an die Krönung Georg V. im Jahre 1910 wurden in England Puppen angeboten, die dem König oder der Königin sehr ähnlich nachgebildet waren. Die Kleidung war original der Krönungsausstattung nachempfunden. Die Königin, in prächtige Gewänder gekleidet mit Krönungsschleppe versehen, der König en miniature mit Krone und Zepter. Die Puppen sind zwei Fuß hoch und wurden in der Regent Street zu 5 Guineen das Stück verkauft. Zu seiten der Majestäten standen auch die Nachbildungen von Lord Roberts und Lord Kitchener, die insbesondere für patriotische Liebhaber gefertigt wurden.
Viel Aufsehen erregte Anfang 1914 auf der Leipziger Messe eine Idee des Bastlers Georg Helbig aus Dresden. Er stellte ein Puppenkopf-Modell vor, dessen Gesichtshaut elastisch und durch ein Getriebe veränderbar war. Das Modell konnte die Stirn runzeln und, wenn auch etwas verzerrt, Mund und Wangen zu einem Lachen verziehen. Helbig ließ seine Erfindung unter der Nummer 323 026 patentieren, doch produziert wurde dieser Puppenkopf nie. Die Kriegswirren ließen die originelle Erfindung schnell vergessen.

Ähnlich erging es den beiden Spielzeug-Bastlern George Mechthold und Th. Chillingworth aus Sonneberg. Beide hatten darüber nachgedacht, wie man eine Puppe herrichten müsse, um den hohlen Körper sinnvoller zu nutzen. Es gelang ihnen sogar im Jahre 1894, ein Patent für ihre Lösung zu erhalten, aber die Industrie hat diese Idee ebenfalls nicht aufgegriffen. Die Erfinder hatten den Rumpf der Puppe zu einem kleinen Schränkchen ausgebaut, das auf dem Rücken der Puppe mit kleinen Scharnieren versehen war und geöffnet werden konnte. Im Hohlkörper konnte die Puppengarderobe verstaut werden, auf der »Tür« waren Puppentäschchen, Puppenspiegel und Puppenkamm befestigt.

160 Porträtpuppen aus den Jahren um 1911: links Lord Kitchener (engl. Feldmarschall 1850–1916) 48 cm; Mitte Lord Roberts (engl. Feldmarschall 1832 bis 1919) 31 cm; rechts König Georg V. (regierte von 1910 bis 1936) 46 cm. Die Köpfe sind aus Masse, die Uniformen detailgenau hergestellt.

Geschmacklos war die Puppenneuheit einer kleinen Spielzeugfabrik in den USA. Sie brachte um 1912 eine Spielpuppe auf den Markt, die gleichzeitig anatomisches Lehrbeispiel sein sollte. Der Körper war aufklapp- und in einzelne Teile zerlegbar. Beim Öffnen konnte man Herz, Lungen, Leber usw. bloßlegen und mit den Fingern herausnehmen. Zweck dieser Neuheit sollte es sein, »dem Kinde schon in früher Jugend gewisse Kenntnisse des inneren Menschen zu ermöglichen, die ihm in späteren Jahren zugute kommt...«

161 Treffen eines Berliner Damen-Puppenklubs. Das Foto zeigt die Damen beim Benähen ihrer Puppen im Jahre 1912.

Informationen für den Sammler

Das Sammeln von Puppen war schon im vergangenen Jahrhundert weit verbreitet. Allerdings bleibt es den privilegierten Schichten vorbehalten, eine größere Anzahl von Puppen zu besitzen.
Hauptsächlich in England, Frankreich, den Vereinigten Staaten und im deutschsprachigen Raum fanden die Puppen Freunde und Liebhaber.
Selten wurden Puppen aus historischem Interesse um ihrer selbst willen zusammengestellt. Die feinen Damen, aber auch die Herren benutzten sie als Mittel zum Zweck. Es galt nämlich als chic, Puppen zu benähen und zu bekleiden.
So entstanden auch Puppenklubs, die ihren Mitgliedern ein bestimmtes Thema stellten, zum Beispiel »Barock in Frankreich«, »Mode am Hofe der Maria Stuart« und ähnliches. Dann wurden die Puppen entsprechend bekleidet und wer sie besonders akkurat und historisch einwandfrei ausstaffiert hatte, konnte mit Lob, Anerkennung und einem Preis rechnen.
Auf diese Art bildeten sich Puppensammlungen, die eigentlich eine Lehrschau für Mode- oder Trachtenkunde waren.
Während in Europa durch die vielen Zerstörungen der beiden Weltkriege auch wertvolle Privatsammlungen verloren gingen, blieben englische und amerikanische Sammlungen weitgehend verschont und damit der Bestand an alten Puppen im wesentlichen erhalten.
Der Mitte der sechziger Jahre erst sehr langsam beginnende Trend zum Puppensammeln steigerte sich bei uns mit der Einführung der Sperrmüllabfuhr in den Städten und Dörfern und den sich daraus ergebenden Flohmärkten.
Und rasch fanden neben den Antiquitäten auch Puppen und Spielzeug einen neuen, großen Freundeskreis, der so schnell wuchs, daß das Angebot auf den Flohmärkten bald immer geringer wurde, von der Qualität ganz zu schweigen.
Puppensammler fanden sich zusammen, tauschten, organisierten Treffen und lose Vereinigungen. (Im Herbst 1977 fand der erste deutsche Puppenkongreß in Tecklenburg im Teutoburger Wald statt, an dem auch Sammler und Experten aus dem Ausland teilnahmen.)
In den letzten Jahren haben auch Museen und Privatsammler Puppen-Ausstellungen veranstaltet. Sparkassen und Banken stellten ihre Räume dazu zur Verfügung.
Straffer organisiert als in Deutschland sind die Puppensammler in England und den USA. Allein in den Vereinigten Staaten gibt es über 10000 registrierte und organisierte Puppenfreunde, viele mit eigenen Privatmuseen.

Ratschlag 1

Sammler-Typologie

Jeder Sammler hat eine eigene Vorstellung vom Aufbau seiner Sammlung. Während die Anfänger zunächst alles kaufen, was angeboten wird, sind die Fortgeschrittenen schon etwas wählerischer.
Der eine interessiert sich nur für Charakterpuppen, der nächste hat sich für eine bestimmte Firma entschieden oder für ein besonderes Material, andere sammeln nach Nationalitäten, also nur französische, englische oder deutsche Puppen.
Aber in der Mehrzahl sind die Puppensammler, die Puppen für ihre Kollektion erwerben, weil sie ihnen »gefallen« und sie vom äußeren Eindruck gefangen sind.
Wenn man viele Puppensammlungen gesehen hat, läßt sich leicht feststellen, welchen Puppentyp der jeweilige Sammler besonders liebt. Deshalb ist es möglich, anhand einer Puppe und ihrem äußeren Erscheinungsbild genau sagen zu können, zu welcher Sammlung sie gehören könnte oder wer sich für eine solche Puppe interessieren würde.
Puppensammlungen lassen sich typisieren, Puppensammler jedoch nicht. Niemand kann sagen: Puppensammler sind nur Frauen oder das Sammeln von Puppen ist Kinderersatz. Wer solche Pauschalurteile fällt, sollte sich einmal für die persönlichen Lebensumstände und Meinungen der Puppensammler interessieren.
Puppensammler sind zwar vorwiegend weiblich, aber es gibt auch männliche Puppenfreunde. Sie können verheiratet oder unverheiratet sein, Kinder haben oder nicht, sind reich oder verfügen über wenig Geld, sind alt oder jung.
Die Sammler von Puppen haben nur eins gemeinsam, und das haben sie mit jedem leidenschaftlichen Sammler: sie prägen ihrer Sammlung einen eigenen, persönlichen Stil auf, bewußt oder unbewußt. Und das verleiht jeder Puppensammlung ihren eigenen, besonderen Reiz.

Ratschlag 2

Puppenköpfe (Materialkunde)

Das große Vielerlei, die unübersehbaren Abarten im Laufe der Puppenentwicklung machen es auch dem Sammler schwer, genaue Kenntnis über die verschiedenen Herstellungsmöglichkeiten zu haben.
Eine kleine Klassifizierung hilft zur schnellen Übersicht:

1. nach Material	3. nach Form und
2. nach Modell	4. nach Größe.

Beim Material steht an erster Stelle das Porzellan. Hier unterscheidet man nach mattem Biskuitporzellan, Parian (Marmorporzellan) und dem glänzenden oder glasierten Porzellan. Als zweites ist das Papiermaché zu nennen, das zu sehr schönen Modellköpfen verwendet wurde, insbesondere, wenn bei den Mal- und Lackierarbeiten auf strengste Genauigkeit geachtet wurde. Beim Wachs spricht man, je nach Anfertigung, von wachsierten und Wachsgußköpfen. Die wachsierten Köpfe haben eine Grundform aus Papiermasse, die mit einer dünnen Wachsschicht überzogen wurde. Wachsguß bedeutet, daß der Kopf aus Wachs hohl gegossen und evtl. zwecks besserer Haltbarkeit mit Gips oder Papiermaché ausgepinselt wurde. Rein maschinell wurden Köpfe aus Pappe, Celluloid und Blech gestanzt und geformt. Zu dem ältesten Material gehört das Holz in geschnitzter oder gedrechselter Form. Stoffpuppenköpfe wurden mit der Hand bemalt und maschinell bedruckt.
Modellarten bezeichnen den Puppentypus. Im Vordergrund steht der Mädchenkopf, es folgt der Knabenkopf. Hinzugerechnet werden noch die Charakter- und Baby-Köpfe.
Die gebräuchlichsten Kopfformen sind Brustköpfe, Kurbelköpfe, Brustkurbelköpfe und Geradhalsköpfe. Diese Formen bezeichnen die Art des Übergangs vom Hals zum Körper. Beim Brustkopf sitzt der Puppenhals unbeweglich auf einem breitauslaufenden Bruststück, das als solide Befestigung auf dem Körper dient. Ein Drehen und Wenden des Kopfes ist unmöglich. Anders der Kurbelkopf; er ist unten abgerundet und wird so auf Gelenkpuppen aufgesetzt, daß viele Bewegungsmöglichkeiten bestehen. Kurbelkopf und ein genau dazu passendes Bruststück mit schüsselförmiger Vertiefung, beide Stücke beweglich verbunden, geben den Brustkurbelkopf. Mit ihm können Leder- oder Stoffpuppen mit drehbarem Kopf versehen werden. Der Geradhalskopf und der Langhalskopf werden Clowns und Fahrfiguren aufgesetzt. Sie stehen fast immer mit einem Bewegungsmechanismus in Verbindung.
Die Größenbezeichnung der Köpfe ist in der Regel als Halsmarke auf dem Hinterkopf der Puppe angebracht. Bei der Nummernfolge handelt es sich um die Serien- und Größenbezeichnung. Eine Serie enthält manchmal 36 bis 40 einzelne Größennummern. Diese beginnen zum Beispiel bei 18/0, es folgen 17/0, 16/0 usw. bis 0, 1 2 und von da weiter aufwärts wieder bis 18, sodaß also 18/0 die kleinste, 0 die mittlere und 18 die größte Nummer darstellt. Dabei ist jedoch zu beachten, daß die Numerierung bei den einzelnen Kopffabrikanten nicht gleich ist, es weichen die Nummern aus den verschiedenen Werkstätten in der Größe manchmal erheblich voneinander ab.

Ratschlag 3

Puppenkörper (Materialkunde)

Es gibt fast kein Material, aus dem man nicht schon einmal Puppenkörper zu bilden versucht hätte: vom Harz und Wachs an, der Rohmasse altmexikanischer Figuren bis zum Ton, aus dem bis in die 20er Jahre in China noch Puppen gebrannt wurden, vom weichgestopften mit Haar und Watte ausgestopften Puppenbalg bis zu dem in allen Teilen aus Blech gestanztem Kugelgelenkkörper aus den USA.
Jahrzehntelang haben die verschiedenen Papier- und Steinpappkompositionen ihren Platz behauptet. Haltbar und hygienisch einigermaßen rein war das Porzellan. Unverwüstlich dagegen Pappe und Celluloid und besonders beliebt wegen seiner Formbarkeit war das Holz.
Die mit lockeren Stoffen ausgestopften Puppenkörper nennt man Bälge. Man unterscheidet zwischen hart- und weichgestopft. Das Material für erstere ist Holzfaser, Haar, Wolle und Watte, während für letztere Sägemehl und zerkleinerte Korkstückchen Verwendung fanden.
Das Material wurde gestopft in Leder- oder Stoffbälge, nur ganz kurz wurde Guttapercha benutzt.
Als Überzugsstoff wurden in der Zeit bis 1920 auch Shirting und Nanking eingesetzt, wurden jedoch durch Filz und Plüsch abgelöst. Das teure Ziegen- und Schafleder wurde um 1900 durch billigere Lederimitationen ersetzt. Die alten Lederbälge zeichnen sich durch auffallend ebenmäßige, schlanke und gefällige Formen aus. Auch aus Stroh hat man Puppenkörper gebildet. Bindfaden hielt die Halme zusammen und ersetzte zugleich den Stoffüberzug.
Die Form der Puppenkörper wird bedingt durch die Art der anzubringenden Gelenke. So läuft der Rumpf der Steifgelenkpuppe nach unten spitz zu, während der der Kugelgelenkpuppe oben und unten gleiche Breite hat. Steifgelenke lassen bekanntlich nur eine Bewegung vor- oder rückwärts zu, bei den Kugelgelenken kann man das betreffende Glied nach allen Seiten hin drehen.
Auch die Arme und Beine der Balgpuppen wurden allgemein mit Gelenken ausgestattet. Körper von Babypuppen gibt es in verschiedenen Ausführungen: Sitzbabies, Stehbabies (mit steifen Beinen oder zusätzlichen Gelenken in den Knien), und weichgestopfte Babies mit Ringhalskopf (My-dream-Baby).

Ratschlag 4

Literatur und Information

Die große Nachfrage nach alten Puppen hat eine Flut von Berichten und Veröffentlichungen über die Geschichte der Puppen und über Sammelmöglichkeiten ausgelöst. Jedoch gibt es wenige Werke, die als Meilensteine zur Information für den Puppensammler dienen können. Meistens hat der eine Autor vom anderen abgeschrieben und oft wurden Gerüchte und Vermutungen als unumstößliche Wahrheit dargestellt. Und leider: Puppensammler neigen dazu, sich mit diesen Büchern nicht kritisch genug auseinanderzusetzen.
Es gibt da zum Beispiel ein jetzt sechsbändiges Werk aus den USA. In diesen Bänden versucht der Autor, anhand von Schriftzügen, Nummern, Firmenzeichen und anderen Merkmalen zu deuten, welche Halsmarke zu welcher Puppenfabrik gehört. So zieht er aus Halsmarken, die nur aus einer einzigen Nummer bestehen, den Schluß, welche Puppenfabrik den Kopf herausbrachte. Daß diese Nummer aber möglicherweise von mehreren, vielleicht sogar zwanzig oder dreißig Puppenfabriken benutzt wurde, bleibt in diesem Werk unberührt. So glaubt mancher Sammler, er hätte eine alte wertvolle französische Puppe und hat nur die einfache Kaufhauskonfektionsware aus Thüringen. Aber das ist nur ein Beispiel.
Es gibt viele Möglichkeiten für einen Sammler sich eingehend über Puppen, ihre Herstellung und Industrie zu informieren. Am besten, man läßt sich von einer Fachbuchhandlung regelmäßig die neuesten Kataloge zuschicken. Zu ihnen gehören die Versandbuchhandlung Vogel, Postfach, 5912 Hilchenbach und Schröder's Sammlerbuchladen, Oberkassler Str, 94, 4000 Düsseldorf 11.
Neben dieser Sammler-Fachliteratur gibt es auch Zeitschriften, die eigens für Puppenfreunde herausgegeben werden. Hinzu kommen die vielen bunten und informativen Kataloge von Museen und Privatausstellungen. Hier ist eine wahre Fundgrube an sachdienlichen Angaben, die mit entsprechenden Abbildungen auch einen Eindruck von den Puppen selbst vermitteln.
Nicht zu vergessen, die regelmäßig erscheinenden Auktionskataloge. Hier werden die zu versteigernden Puppen und Zubehör ausführlich mit Halsmarke, Größe, Körperbeschreibung, Zustand usw. beschrieben. Die schönsten Exponate sind als Abbildung wiederzufinden, so daß auch der Jung-Sammler Puppe und Beschreibung miteinander vergleichen kann.
Wichtig sind die Besichtigungen von Puppensammlungen in Museen, Ausstellungen oder bei anderen Gleichgesinnten. Beim letzteren entwickeln sich schnell informative Gespräche und Diskussionen, aus denen man Anregungen für die weitere Sammlertätigkeit mitnehmen kann.

Ratschlag 5

Eigene Erfahrung und Wissensstand

Je genauer sich ein Sammler über sein Sammelgebiet informiert hat, umso schwerer wird es, ihn beim Kauf einer Puppe »über's Ohr zu hauen«. Als Anfänger im Bereich Puppen sollte man aber nicht traurig sein, wenn man eine Puppe gekauft hat und dann zu Hause beim Ausziehen an Körpern und Gliedern größere Mängel feststellt. Das sind Probleme, die jedem Sammler schon einmal zu Beginn passiert sind. Sicherlich ist es ärgerlich, aber buchen Sie eine solche Fehlausgabe unter der Rubrik »Lehrgeld« ab, denn schon bald entwickelt man eine gewisse Fertigkeit im Einschätzen und Untersuchen von Puppen. Scheuen Sie sich nicht, bei jeder Gelegenheit die Puppen bei den Händlern in die Hand zu nehmen, wenn Sie sich dafür interessieren. Je mehr Puppen man genau mit Hand und Auge geprüft hat, umso größer ist die Erfahrung, auch im Umgang mit Händlern beim Neukauf.
Denn dann kann Ihnen niemand etwas vormachen und sie mit falschen Angaben über das Objekt zum Kauf verleiten. Deshalb sollte man sich auch nicht scheuen, bei Puppensammlern nachzufragen, ob man diese oder jene Puppe einmal in die Hand nehmen darf. Achten Sie beim Puppenkauf auf die Vollständigkeit der Glieder, den unverletzten Kopf, die ordnungsgemäße Perücke, den unverletzten Körper. Erst dann sollten Sie nach der Halsmarke schauen. Ist es die, die auch der Händler genannt hat? Ist das Biskuitporzellan von guter Qualität? Fühlt es sich weich und glatt an? Oder ist es rauh und uneben? Dann sollten Sie den Preis auf jeden Fall niedriger ansetzen. Überhaupt: Zahlen Sie nicht den Preis, den der Händler Ihnen nennt. Oder es müßte der Händler Ihres Vertrauens sein. In der Regel sollte man handeln. Sagen Sie ohne Hemmungen, daß Ihnen die Puppe zu teuer ist und was Sie dafür zahlen würden. Sollte die Puppe Ihrer Meinung nach ein günstiger Kauf sein, versuchen Sie trotzdem zu handeln. Die meisten Händler schlagen mindestens zehn Prozent auf den eigentlichen Verkaufspreis, weil sie damit rechnen, daß der Käufer sowieso nicht mit dem genannten Preis einverstanden ist. Unbedingt sollte man die Modetrends in der Puppenbranche beachten. Im Augenblick sind die frühen Kämmer & Reinhardt-Charakterpuppen »in«. Dafür werden Höchstpreise gezahlt, insbesondere für die 117-er Serie mit geschlossenem Mund. Sie sollten überlegen, ob Sie solche Trends mitmachen müssen. Modetrends unterliegen immer höheren Preisen.
Ähnlich ist es mit den französischen Fabrikaten. Jumeau-Puppen werden heute fast überall angeboten. Die Preise sind hoch, ja, sie klettern unentwegt nach oben. Dabei muß ein Sammler wissen, daß Jumeau-Köpfe Dutzendware sind. Sie wurden zu hunderten, tausenden, millionen hergestellt. Das erkennen Sie schnell daran, wenn Sie mehrere Jumeau-Puppen nebeneinander sehen. Überrascht Sie dabei nicht der immer gleiche Gesichtsausdruck?

Wenn Sie sich für einen Bereich Ihrer Puppen-Sammlung festgelegt haben (Charakterpuppen, Babies, frühe Porzellanpuppen, Stoffpuppen usw. usw.), dann bleiben Sie auch dabei.

Ratschlag 6

Sammlung nicht verfremden

Das Sammeln von historischen Gegenständen, auch von Puppen, verpflichtet zur Bewahrung und Erhaltung. Denn jedes einzelne Stück stammt aus einer unwiderbringlichen Zeitepoche, ist Geschichte und Dokument.
Oft steht man vor dem Problem, wie man eine alte, verspielte Puppe wieder so schön reparieren kann, daß man ihr die Jahre des Spielens und Lagerns nicht mehr ansieht. Einige Puppenfreunde ersetzen die alten Glieder durch Einzelteile von anderen Puppen. Andere kaufen neue »alte« Körper und kombinieren mit dem fein modellierten Kopf einen »ofenfrischen« Körper. Damit man nichts sieht, wird der Puppe schnell ein neues Kleid genäht und schon ist die Puppensammlung um ein Exponat reicher. Hier muß man nach dem Sinn und Zweck fragen. Puppen sammeln, das heißt auch, einen oder mehrere alte, historische Gegenstände, fünfzig oder hundert oder noch mehr Jahre alt, aufzubewahren, zu konservieren. Deshalb sollte man die Puppen, und wenn sie noch so beschädigt und unansehnlich sind, möglichst nicht mit anderen Einzelteilen verfremden. Das gilt für Glieder, Körper, Augen, Perücke und Kleidung.
Viele Händler haben Nachschubsorgen, weil der Puppenmarkt immer noch expandiert. Aber woher die Puppen nehmen? Die Nachfrage ist groß. Und je größer das Lager eines Händlers an Einzelteilen ist, umso länger wird er liefern können. Denn hier werden in gewissenloser Weise Puppen zusammengesetzt, Köpfe auf Körper, die nicht zueinander passen, Glieder an Körper, die nicht zusammengehören und Perücken aufgesetzt, die neu angefertigt wurden.
So entstehen Puppen mit einem Kopf von 1895, einem Körper von 1925, Gliedern von 1910 und Augen aus dem Jahre 1935. Ein Sammelsurium entsteht, dessen Wert umstritten ist, denn eine solche Puppe ist nur ihren Kopf wert und sonst nichts. Deshalb sollte man darauf achten, keine zusammengestückelten Puppen zu erwerben, selbst aber auch nicht den Fehler machen, am Wohnzimmer, oder Küchentisch durch das Ansetzen von Einzelteilen das wertvolle alte Stück zu verunstalten. Bewahren Sie Ihre Puppen im Originalzustand! Bewahren Sie alte Puppenkleidung auf! Tauschen Sie möglichst keine Perücken, Augen oder Glieder von Puppen miteinander aus! Nur so bleibt Ihre Sammlung, was sie sein sollte: ein wunderschönes Stück Zeitgeschichte.

Ratschlag 7

Marktwert und Preis

Sammeln kostet Geld. Jeder Puppensammler weiß dies aus eigener Erfahrung. Die Preise für Puppen sind in den letzten fünfzehn bis zwanzig Jahren steil in die Höhe geklettert. Damals konnte man Puppen noch ziemlich preiswert kaufen: dreißig bis fünfzig DM für eine Biskuitporzellanpuppe waren durchaus üblich. Seit Anfang der 70er Jahre, als der Freundeskreis der alten Puppen größer wurde, stieg mit der Nachfrage auch der Preis. Heute muß man zweihundert bis dreihundert DM für eine einfache Porzellanpuppe bezahlen, ganz zu schweigen von den Preisen für Exemplare französischer Herkunft, für die bis zu 20 000,– DM (!) verlangt werden. Puppen sammeln bedeutet auch, Kapital anlegen. Denn durch die große Nachfrage ist das Angebot zwangsläufig nicht mehr so umfangreich und entsprechend haben die Preise angezogen.
Um sich genau über die Marktsituation informieren zu können, sollte man in den einschlägigen Fachgeschäften (auf Puppen oder Spielzeug spezialisierte Antiquitätenhändler) den Marktwert der gesuchten Puppenart erfragen. Oder: die deutschen und englischen Auktionshäuser geben zu ihren Versteigerungen Kataloge und anschließend Ergebnislisten heraus. Sie sind besonders informativ, denn hier ist die ganze Palette der einzelnen Puppentypen erfaßt und im Kurswert festgelegt.
Interessanterweise hat sich in den letzten Jahren eine große Preisdifferenz zwischen dem europäischen und dem amerikanischen Puppenmarkt ergeben. Ursache hierfür ist der Sammeltrend: in den USA werden zur Zeit ganz andere Puppentypen gesucht als bei uns und so haben clevere Händler herausgefunden, daß man in den Vereinigten Staaten die hier gesuchten Puppen billiger einkaufen kann. Umgekehrt haben Puppen, die bei uns nur geringe Preise erzielen, in den USA für teures Geld gesucht. Der Puppenmarkt ist internationaler geworden und ein Sammler, der die Angebot/Nachfrage-Szene genau beobachtet und auch die Inserate der Händler vergleicht, kann daraus seinen Nutzen ziehen.
Für den inländischen Markt hat sich die Regel durchgesetzt: in Fachgeschäften kann man häufig preiswerter einkaufen als auf dem Flohmarkt. Denn die Flohmarkthändler haben selten Kenntnis über die Marktsituation, aber oft von den schwindelerregenden Preisen einzelner Puppen auf Auktionen gehört und glauben nun, ihre Puppen entsprechend verkaufen zu müssen.

Ratschlag 8

Fälschungen und Plagiate

Sind Antiquitäten besonders wertvoll oder steigen ihre Preise, sind die Fälscher nicht weit. Das gilt auch für Puppen aller Herstellungsarten. Die schon erwähnten Spitzenpreise von rund 20 000,– DM verführen natürlich zur vollendeten Nachahmung und so kann man behaupten, daß zur Zeit sehr viele Fälschungen den Puppenmarkt überschwemmen.

Gemeint sind nicht die vielen Nachahmungen und Repliken alter Porzellanpuppen, obwohl hier Replik und Fälschung oft sehr nahe liegen, je nach Verantwortung des Händlers.
In den USA werden zum Beispiel alle gängigen Puppentypen aus hervorragenden Biskuitporzellan nachempfunden. Die Repliken sind zum Teil so gut angefertigt, daß sie vom Original kaum zu unterscheiden sind. Es stimmt alles: das Porzellan, die Farbe, die Augen. Ein solcher Kopf auf einen alten Puppenkörper gesetzt, verführt natürlich zum »Original«–Verkauf.
Gerüchteweise hört man, daß auch aus Frankreich, merkwürdigerweise jeden Monat ein Exemplar einer besonders teuren Puppenart auf den Markt gegeben werden soll. Auch aus Japan sollen hervorragende Fälschungen den europäischen und amerikanischen Kontinent erreichen.
Mißtrauen gegenüber einem besonders großen Angebot eines einzigen Puppentyps ist auf jeden Fall geboten. Manchmal tauchen diese Puppen gleichzeitig in allen größeren Hauptstädten auf Flohmärkten, manchmal auch in Fachgeschäften auf.
Wie kann man sich vor Fälschungen schützen? Wenn sie besonders gut gemacht sind, gar nicht. Aber ein geübter Puppensammler kann eine durchschnittliche Fälschung schnell erkennen. Der Puppe fehlt Ausdruck, die vollendete Bemalung, das feine Porzellan, es fehlt ihr eigentlich das, was uns an den alten Puppen so fasziniert: die durch Meisterhand und Material entstandene lebendige Wärme.

Ratschlag 9

Reparieren und Restaurieren

Oft findet man auf Dachböden oder Flohmärkten Puppen, deren Glieder nicht mehr fest in den Gelenken hängen, deren Augen herausgefallen sind oder die unbedingt eine neue Perücke benötigen. Man steht vor der Ent-

scheidung, ob ein solches lädiertes Exemplar in die Sammlung aufgenommen werden soll oder nicht.
Bei einer Beurteilung müssen zwei Kriterien angesetzt werden: paßt die Puppe in die jeweilige Sammlung und ist der Schaden reparabel? Lohnt es sich, mit viel Mühe und großem Aufwand, eine teure Puppenklinik zu bemühen oder kann der Schaden selbst behoben werden?
Zum Grundsatz sollte man sich dabei machen, zunächst einmal die Reparatur mit eigenen Mitteln vorzunehmen. Es dürfen aber nur die Hilfsmittel verwandt werden, die die Puppe auf lange Sicht gesehen nicht beschädigen, z. B. durch Klebstoff. Die modernen Alleskleber hinterlassen schnell ihre chemischen Spuren und sollten deshalb in keinem Falle verwandt werden.
Nachfolgend einige Tips für den Sammler, um seine zu Schaden gekommenen Lieblinge zu reparieren:

Zusammensetzen der Glieder. Die Gliedmaßen und der Kopf werden durch Schlingen aus Gummikordel elastisch und daher drehbar zusammengehalten, und zwar sind die Arme durch eine Gummischlinge, die durch die Achsellöcher und den Rumpf hindurchläuft, und den dadurch entstandenen Gegenzug in den Schulterpfannen festgehalten. Bei den Beinen ist das anders.
Babies: Dort sind die beiden Beine durch eine Gummischlinge, die durch die beiden Beinlöcher und den Rumpf hindurchläuft, verbunden. Der Gegenzug wird jedoch dadurch erzielt, daß die Schlinge durch die Längsachse des Körpers nach dem Kopf hinauf gespannt wird. Die Schlinge bildet also ein Dreieck, dessen Grundlinie die Beine verbindet und dessen Spitze den Kopf festhält.
Gelenkpuppen: Bei Gelenkpuppen hat jedes Bein seine eigene Gummischlinge. Beim rechten Bein verläuft sie vom Knie an durch die Gelenke und wird durch das Beinloch durch den Körper zum Kopf gezogen. Die Schlinge des linken Beines läuft ebenfalls durch die Gelenke, durch das linke Beinloch und den ganzen Rumpf hindurch zum Kopf, mit dem sie im Gegenzug zusammenhängt. Hier wird die Gummischlinge an den Haken der Halspfanne eingehakt oder mit einer Stricknadel festgehalten.
Grundlage für das Zusammensetzen der Glieder ist das Material. Man benötigt Gummikordel, die in allen Stärken fertig abgepackt in Kaufhäusern oder Weißwarengeschäften erhältlich ist. Die Stärke der Kordel richtet sich nach der Größe der Puppe. Sollten die kleinen Drahthaken an den Gliedenden fehlen, können sie durch starken, s-förmig gebogenen Draht ersetzt werden.
Als Werkzeug benötigt man eine Schere, einen starken, längeren Draht mit umgebogener Spitze, der zum Durchziehen der Gummischnüre benötigt wird und evtl. eine Zange. Die Gummischlingen müssen eine ganz bestimmte Länge haben, damit der zu erzielende elastische Zug nicht zu groß oder zu klein wird. Da aber andererseits die Puppen verschiedene Größen haben, findet man die Länge der Schlingen nach folgender Art: Bei den Gummischlingen für die Arme schneidet man ein so langes Stück von der Gummischnur ab, als die Puppe, von Armloch zu Armloch gemessen, Brustweite hat. Dann legt man die Gummikordelenden zur Schlinge zusammen und umwickelt sie fest mit dünnem, aber festem Zwirn. Länge der Gummischnur für Babies: Länge des Körpers vom Beinansatz bis zur Halsöffnung und bei Gelenkpuppen: Gummischnur in der Länge des Körpers.

Einziehen der Arme. Die für die Arme bestimmte Gummischlinge wird an einen der kleinen s-förmig geboge-

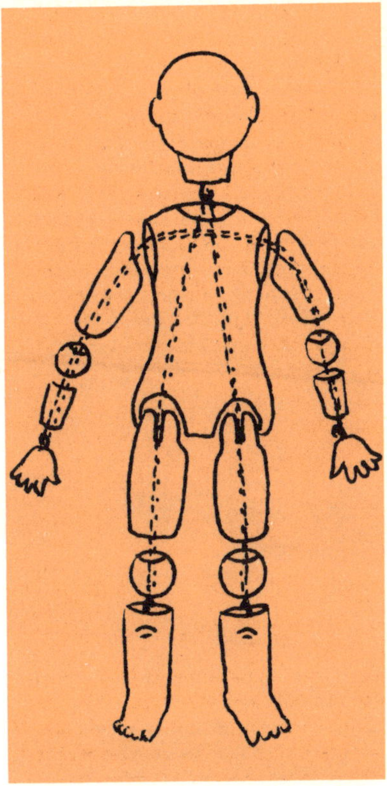

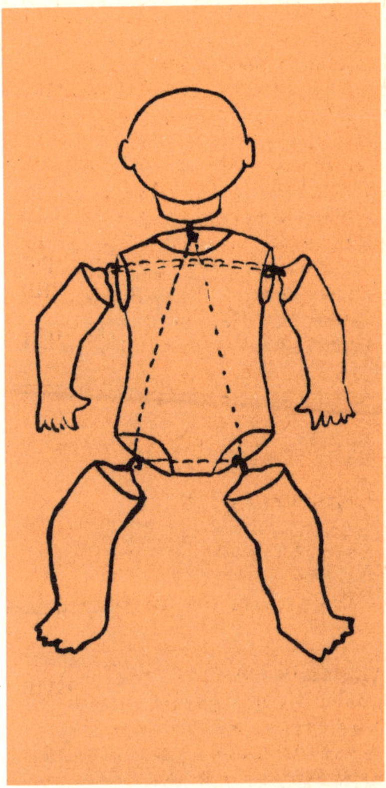

nen Haken gehängt. Nun fährt man mit dem langen Draht, dessen Spitze vorn gebogen ist, zum einen Schulterloch hinein, zum anderen heraus und faßt die Gummischlinge des einen Armes. Um eine bessere Zugkraft und freie Hand zu haben, hängt man die Öse des Drahthakens an einen in den Tisch oder auf ein Brett geschlagenen Nagel, zieht die elastische Schnur durch den Rumpf, bis man den Drahthaken des anderen Armes einhängen und zuklemmen kann.

Einhängen der Beine. An einer Gummischlinge hat man drei Drahthaken befestigt, diese Schlinge wird durch die Beinlöcher gezogen, das rechte und das linke Bein an den entsprechenden kleinen Haken festgeklemmt. Der mittlere Haken, der sogenannte Kopfhaken, muß nun mit dem langen Draht (umgebogene Spitze) durch den Rumpf hinaufgezogen werden. Er wird in die Pfanne des Halsloches eingehängt. Beim Hindurchziehen der Gummischnüre muß man bei Puppen mit Stimme darauf achten, daß letztere nicht beschädigt wird. Beim Verspannen der Gummischlingen ist ferner darauf zu achten, daß der Knoten immer in der Mitte der Spannstrecke liegt.

Einhängen des Kopfes. Man faßt mit dem langen Drahthaken den in der

Halspfanne einstweilen ruhenden Kopfhaken, hängt den Drahthaken fest und kann nun, da man den Zug mit einer Hand ausüben kann, die Kopföse in den Kopfhaken einhängen und zuklemmen.
Soviel zum Aufziehen von Glieder- und Gelenkpuppen. Lockere Perücken sollten nur mit dem Klebstoff Fixogum befestigt werden, um Material und Perücke nicht zu beschädigen.
Andere Reparaturen an Puppen, egal, aus welchem Material sie gefertigt worden sind, können nur dem einzelnen Sammler überlassen werden. Es gibt einige handwerklich sehr begabte, die kleine Ausbesserungsarbeiten selbst vornehmen können (Ersetzen von abgebrochenen Fingern u. ä.). In der Regel sollte der Puppensammler aber eine Puppenklinik suchen, die ihm, auf Kostenvoranschlag (!), Reparaturen abnimmt. Sie sollten andere Sammler nach einschlägigen Adressen fragen. Empfehlenswert ist in diesem Zusammenhang zu nennen: Puppen-Restaurator R. & H. Knedel, Merianstr. 24, 6000 Frankfurt 1.

Ratschlag 10

Pflege einer Puppensammlung

Die Wertbeständigkeit einer Puppensammlung ist abhängig von ihrer richtigen Pflege. Dazu gehört auch ihre dokumentarische Erfassung. Auf Karteikarten oder in einer Kladde werden die einzelnen Daten der Puppe erfaßt. Am besten empfiehlt sich ein System, mit dem alle Angaben auf einen Blick erkennbar sind: Hersteller, Halsmarke, Größe, Herstellungszeit und Beschreibung der Puppe (Kopfart, Material, Körper, Glieder). Auch die Kleidung sollte in allen Einzelheiten aufgeschrieben werden. Hinzu kommt der Tag des Erwerbes, der Preis und wer der Vorbesitzer der Puppe gewesen ist.
Viele Sammler haben sich eine Fotodokumentation über ihre einzelnen Exponate angelegt und in einem Fotoalbum die Daten mit den Fotografien der Puppe zusammengestellt. Man kann die Puppe angezogen fotografieren, bei Originalkleidung die Puppe ausziehen und jeden einzelnen Schritt des Ausziehens festhalten.
Eine solche Fotodokumentation erleichtert auch den Meinungsaustausch zwischen den Sammlern. Man kann das oder die Fotoalben leicht transportieren und zu Informationsgesprächen bei anderen Sammlern mitnehmen.
Die Puppensammlung selbst ist am besten in einer Glasvitrine aufgehoben. Hinter Glas verstauben Kleidung und Material nicht so schnell. Wer diese Möglichkeit nicht hat, aus finanziellen oder räumlichen Gründen, kann seine Puppen im Wohnzimmer so aufbauen, daß er mit seiner Sammlung »leben« kann. Das bedeutet aber, daß die Puppen nicht nur den äußeren Einflüssen wie Staub und Licht ausgesetzt sind, sondern auch, daß sie für Kinder oder Besucher schnell erreichbar sind. Deshalb sollte man sich nicht scheuen, Besuchern zu sagen, daß man es nicht gern sehen würde, wenn die

aufgestellten Puppen in die Hand genommen werden. Dafür wird sicherlich jeder Verständnis haben.
Die »offene« Unterbringung im gewohnten Lebensbereich verpflichtet den ernsthaften Sammler, seine Puppen regelmäßig jedes Viertel- bis Halbe-jahr abzustauben und zu säubern. Die Kleidung sollte man zu gegebener Zeit in einem besonderen Waschmittel, hier empfiehlt sich Rei, vorsichtig reinigen. Die Gesichter und Glieder der Puppe müssen je nach Material behandelt werden.
Grundsätzlich gilt: Glasiertes Porzellan wäscht man bei aller Vorsicht mit warmem Seifenwasser. Biskuitköpfe und -glieder reinigt man mit warmem Wasser, dem man etwas Ammoniak beifügt. Eine weiche Zahnbürste ist hier sehr hilfreich. Puppen aus Papiermaché sollte man nur mit einem weichen Pinsel abstauben. Stärkere Verschmutzungen entfernt man mit warmem Wasser und etwas Kernseife. Aber auch hier ist Vorsicht geboten: ist das Papiermaché brüchig oder rissig oder fehlt die schützende Lackschicht, kann sich das Material schnell mit Wasser vollsaugen und die Puppe für immer verderben. Auch Wachspuppen sind mit entsprechender Vorsicht zu behandeln. Oberflächenschmutz kann mit Wattetupfer und etwas Terpentin entfernt werden. Holzpuppen sollten mit dem Pinsel gereinigt werden. Bei stärkeren Schmutzstellen kann warmes Seifenwasser helfen, aber auch hier kann das Material Wasser aufnehmen und damit die Farbauftragung erheblich verändern.
Sammler sollten sich zur Regel machen: Puppen sollten nie der direkten Sonneneinstrahlung ausgesetzt werden, sie müssen immer im Schatten stehen. Das Reinigen sollte so vorsichtig wie möglich vorgenommen werden, besonders stark verschmutzte Exemplare gehören in die Hand eines erfahrenen Restaurators.

Puppenhersteller und ihre Marken

Eine Aufstellung über Puppenhersteller und Fabriken wird immer unvollständig bleiben. Zu keiner Zeit sind alle Betriebe erfaßt und registriert worden und einige lieferten unter anderem Namen ihre Produkte auf den Weltmarkt. Andere schmückten sich unter ihrem Großhändlernamen mit den Erzeugnissen der Heimarbeiter.
Um die Jahrhundertwende gab es allein in und um Sonneberg über eintausend Puppenfabriken. Diese Zahl soll nur verdeutlichen, daß eine Vollständigkeit in der Aufstellung der Betriebe nicht gelingen wird. Aber es gab darüber hinaus auch Puppenhersteller in Hamburg, Berlin, Leipzig, Hannover, Köln usw., abgesehen von der Vielfalt der französischen Puppenindustrie, während die englische auf wenige Betriebe beschränkt geblieben ist.

Nachfolgend die häufigsten Firmennamen und die wichtigsten Hersteller, die man heute auf sammelbaren Puppen findet. Viele Firmen haben in ihrem Angebot nicht nur eine Sorte, sondern die gesamte Bandbreite des zur Verfügung stehenden Kopfmaterials vertrieben oder hergestellt.

Holz

Puppen aus Holz hat es immer gegeben, ab 1600 begannen die Anfänge der industriellen Herstellung. Sie wurden in der Regel nicht gemarkt, so daß ihr Ursprung nur anhand der Fertigungsart erkennbar ist. Die maschinelle Herstellung von Holzpuppenköpfen gelang erstmalig 1902 der Fabrik Franz Schmidt & Co., Waltershausen.

Julius Dorst, Sonneberg, 1865–1920

Franz Schmidt & Co., Waltershausen, 1890–1930

keine Marke bekannt.

Papiermaché

Puppen aus Papiermaché wurden ab 1820 hergestellt. Die frühen Exemplare sind oft mit Stempeln oder Aufklebern gemarkt, die späteren, seit ca. 1900 sind ohne Fabrikzeichen.

Adolf Fleischmann & Co., Sonneberg (später Fleischmann & Craemer), um 1844–1930

Cuno & Otto Dressel, Sonneberg, 1764–1930

Löwenthal & Comp., Hamburg, 1836–1897

keine Marke bekannt.

Müller & Straßberger, Sonneberg (gegründet von Friedrich Müller), um 1810–1900

Ww. Barbara Schilling und Ferdinand Max Schilling, Sonneberg, um 1870–1920

Adolf Wislizenus, Waltershausen, 1851–1930

Glasiertes Porzellan

Puppen aus glasiertem Porzellan wurden ab 1840 registriert. Sie wurden vornehmlich auf Körper aus Holz, Leder oder Stoff gesetzt und bis 1930 angeboten, in den letzten Jahren nur noch als sogenannte Nankingpuppen. Sie sind selten gemarkt, manchmal mit Nummern versehen.

Closter Veilsdorf, Veilsdorf, um 1850–1930

Hertwig & Co., Katzhütte, 1864–1930

keine Marke bekannt.

C. M. Hutschenreuther, Hohenberg, um 1820–1930

keine Marke bekannt.

C. F. Kling & Co., Ohrdruf, 1836–1930

Königliche Porzellanmanufakturen

Berlin

KPM

Meissen

Nymphenburg

Lippert & Haas, Schlaggenwald, 1817–1930

S

Wachs

Puppen aus Wachs wurden schon um 1700 festgestellt. In der Puppenindustrie wird das Wachs für wachsierte Köpfe, Guß- und Modellköpfe ab 1850 verwendet. Die meisten deutschen Firmen stellten alle Arten von Wachspuppenköpfen her.

Cuno & Otto Dressel, Sonneberg, 1764–1930

Keine Marke bekannt.

Lambert & Samhammer, Sonneberg (später Philipp Samhammer), 1872–1920

Keine Marke bekannt.

Ww. Barbara Schilling und Ferdinand Max Schilling, Sonneberg, um 1870–1920

Keine Marke bekannt.

Heinrich Stier, Sonneberg, 1852– um 1880

Keine Marke bekannt.

Adolf Wislizenus, Waltershausen, 1851–1930

Keine Marke bekannt.

England
Mme. Augusta Montanari und Sohn Richard Montanari, London, um 1850–1884

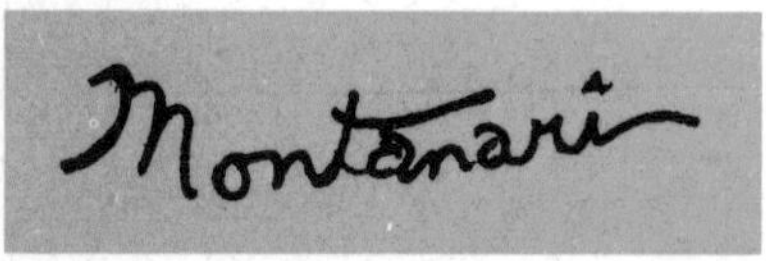

Fam. Pierotti, London, 1780–1925

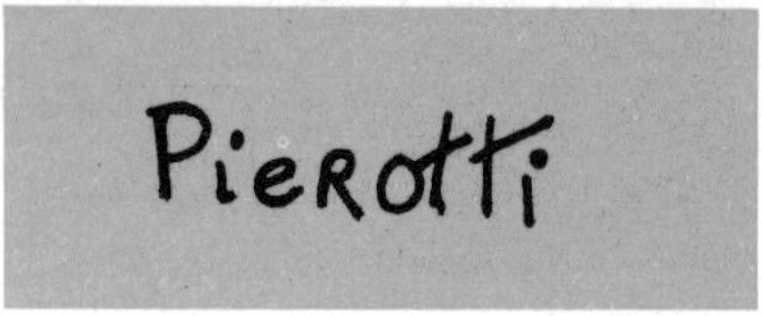

Biskuitporzellan

Puppen aus Biskuit sind zum ersten Mal in Frankreich um 1860 bis 1870 aufgetaucht. Genauere Angaben fehlen. Nur in wenigen Fällen haben Puppenfabriken auch ihre Biskuitköpfe selbst hergestellt. Deshalb sind die Köpfe in der Regel mit dem Firmenzeichen der Porzellanmanufaktur gemarkt (Armand Marseille als Beispiel). Nur große Puppenfabriken konnten sich eigene Halsmarken und damit eigene Modellköpfe leisten.

Baehr & Proeschild, Ohrdruf, Porzellanmanufaktur, 1871–1930

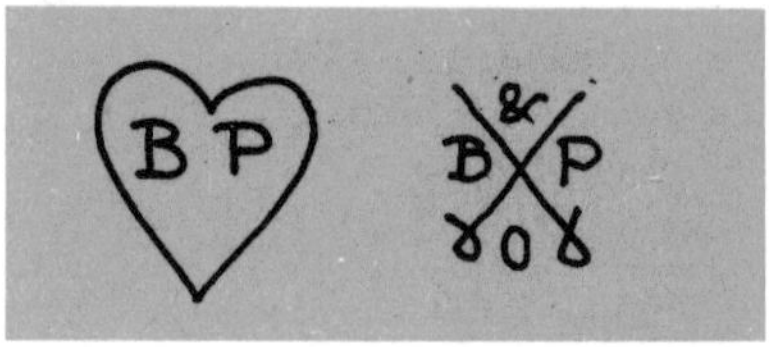

in enger Zusammenarbeit mit Bruno Schmidt, Waltershausen, Puppenfabrik, 1900–1930
(beide Firmen benutzten das Herz als Halsmarke, Schmidt kaufte dann 1918 Baehr & Proeschild auf).

Cuno & Otto Dressel, Sonneberg, 1764–1930

Heinrich Handwerck, Waltershausen, 1876–1930

Ernst Heubach, Köppelsdorf, Porzellanfabrik, 1887–1930

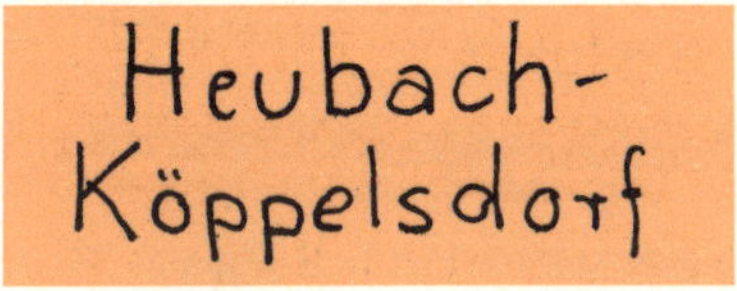

Gebr. Heubach, Lichte, Porzellanfabrik, um 1840–1930

Kämmer & Reinhardt, Waltershausen, 1885–1930

J. D. Kestner jun., Waltershausen, 1805–1930
mit der eigenen Porzellanfabrik Kestner & Comp., Ohrdruf, Porzellanfabrik

Kley & Hahn, Ohrdruf, 1902–1930

Armand Marseille, Köppelsdorf, Porzellanfabrik, 1885–1930

A.M.

Franz Schmidt & Co., Waltershausen, 1890–1930

Fabrikmarke.

S. & F. C.

F. S. & Co

Simon & Halbig, Gräfenhain, Porzellanfabrik, 1869–1930
(nach enger Zusammenarbeit
1918 von Kämmer & Reinhardt aufgekauft).

S&H

Frankreich
Bru, Paris, 1866–1899

BRU J^NE^R

Gaultier, Paris
Porzellanfabrik, 1860–1916

F G

Jumeau, Paris, 1842–1899

BÉBÉ JUMEAU

Jules Nicholas Steiner (Societé Steiner), Paris, 1855–1906

STEINER
S.G.D.G.

Société Francaise de Fabrication de Bébés & Jouets (SFBJ), Paris, 1899–1930

S. F. B. J.

Celluloid

Dieses Material ist in Europa nachweislich erst ab 1895 im Puppenhandel aufgetaucht. Es wurde ständig verbessert und ab 1905 auch für Gliederpuppen verwandt.

Bayerische Celluloidwarenfabrik, vorm. Albert Wacker AG., Nürnberg, 1904–1930

W

Hermsdorfer Celluloidwarenfabrik GmbH., Berlin-Hermsdorf, um 1925

Dr. Paul Hunaeus, Hannover-Linden, 1895–1930

Kohl & Wengenroth, Offenbach, um 1912–1926

Rheinische Gummi- und Celluloidfabrik, Mannheim-Neckarau, 1873–1930 (belieferte folgende Firmen mit Puppenkopfrohlingen: Buschow & Beck, Kämmer & Reinhardt, J. D. Kestner jun., König & Wernicke) (deshalb sind oft zwei Halsmarken auf den Puppen zu finden).

Künstlerpuppen

Durch die Münchner Ausstellung im Jahre 1908 wurden die Künstlerpuppen populär. Sie hatten viele Jahre neben den Spielpuppen einen festen Platz in der Puppengeschichte und wurden nachweislich bis 1930 angefertigt. Meistens sind sie aus Stoff und durch ihre Verarbeitung für Kinder zum Spielen geeignet.

Bing-Künstlerpuppen, Nürnberg, 1921–1930

Marion Kaulitz, München, 1908– um 1912

Käthe Kruse, Bad Kösen, 1910–1930

Dr. Dora Petzold, Berlin, 1919–1930

Margarete Steiff, Giengen, 1878–1930

Gummi

Als Puppenkopfmaterial hat Gummi keine große Rolle gespielt. Es wurde hauptsächlich für Quietschfiguren verwandt, die für Kleinkinder bestimmt waren. Da das Material durch Austrocknung brüchig wurde, sind keine älteren Exponate bekannt.

Hannoversche Gummi-Kamm & Co., Hannover, um 1900–1926

Nöckler & Tittel, Schneeberg/Sa., 1849–1926

Metall

Der Traum, Puppen unzerbrechlich herstellen zu können, sollte 1886 durch Köpfe aus Blech verwirklicht werden. Wegen der Rostgefahr wurde als Grundlage auch Messing verwendet.

Buschow & Beck, Reichenbach und Nossen, 1890–1930

Alfred Heller, Meiningen, 1901–1910

Karl Standfuss, Deuben bei Dresden, 1898–1926

Zeittafel

1770 Aus Holz gefertigt werden Ziehdocken, Tanzdocken, Wickeldokken, Krondocken.

1780 In Sonneberg werden die Gesichter der Holzdocken mit einer Brotteigmasse ausgeformt = bossiert = poußiret. Der Beruf des Bossierers entsteht.

1805 Die beiden Sonneberger Brüder Gottfried und Johann Friedrich Müller erhalten die staatliche Genehmigung zur Herstellung von Waren aus Papiermaché (frei modellierte Galanteriewaren und Spielzeug).

1820 Papiermaché wird in Schwefelformen ausgedrückt. Erste Puppenköpfe aus Papiermaché, genannt Lederdocken, mit Holzarmen und -beinen. Holzgelenkdokken aus Sonneberg mit zierlicher Taille, aus Berchtesgaden und dem Grödnertal plump mit aufgesetzter Holznase.

1823 In Paris werden die ersten Puppen mit »Papa«- und »Mama«-Stimmen angefertigt. Beim Heben der Arme wird der Stimmechanismus ausgelöst.

1826 Erste Laufpuppen und Puppen mit Schlafaugen (Zugvorrichtung) aus Paris.

1840 Die Firma Joh. Dan. Kestner, Waltershausen, geht als erste Puppenfabrik auf die Leipziger Messe.

1843 Pierre Jumeau gründet seine Puppenfabrik in Paris.

1845 Auf der Gewerbeausstellung in Wien zeigt die Porzellanfabrik Lippert und Haas, Schlaggenwald, Puppenköpfe aus glasiertem Porzellan. Die Königlichen Porzellanmanufakturen Meissen, Nymphenburg und Berlin, sowie die Königl. Porzellanmanufaktur in Kopenhagen hatten wenige Jahre vorher ähnliche Köpfe produziert.

1850 Mohair, das Haar der Angoraziege, kommt für Puppenperükken auf. Vorher wurden dafür verwandt: Flachs, Wolle, Menschenhaar und Lammfelle.

1851 Auf der Londoner Weltausstellung sind auch die Puppenfirmen Montanari (Wachs- und Lumpenpuppen) und Jumeau (einfache Puppen mit hervorragender Kostümierung), sowie eine Gemeinschaftsschau aus Sonneberg vertreten. Edmund Lindner aus Sonneberg bringt als Messeüberraschung eine japanische Puppe mit zurück, das Vorbild für die ab sofort gefertigten »Täuflinge«, die mit Quietschstimmen ausgestattet waren oder solchen, die »Papa«, »Mama« oder »Mimi« sagen konnten.

1869 Der Franzose Casimir Bru patentiert die erste Kugelgelenkpuppe.

1870 Die ersten beiden »Fabriken gekleideter Puppen« entstehen in Sonneberg (Hermann Hachmeister und Johannes Franz); vorher wurden die Puppen nackt oder im Hemd geliefert.

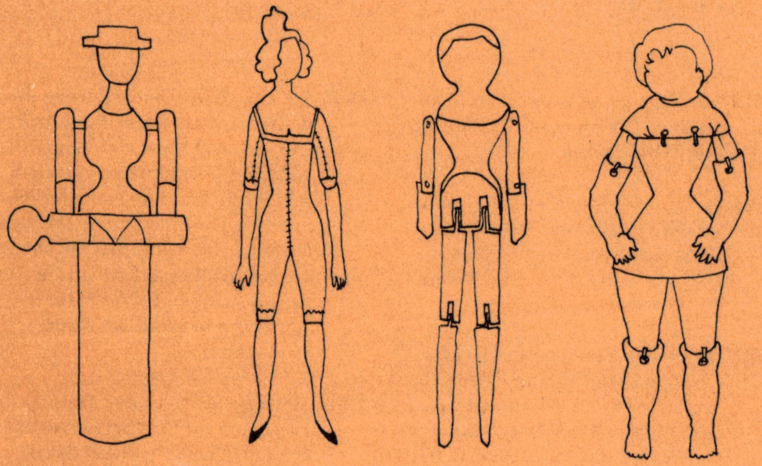

1770
Holzziehdocke

1820
Lederdocke
Sonneberg

1820
Holzpuppe
Gröden

1850
Wachskopf mit
Stoffkörper

1878 Jumeau bekommt die »medaille d'or« auf der Pariser Weltausstellung und bezeichnet für einige Jahre seine Puppen mit diesem Etikett.

1880 Heinrich Stier führt in der thüringischen Puppenindustrie den Kugelgelenkkörper ein, der schon früher aus Holz oder Papiermaché (Composition) von Jumeau hergestellt wurde. Fritz Bartenstein erhält sein Patent auf eine Puppe mit Doppelgesicht.

1886 Auf Puppenköpfe aus Blech erhält Josef Schön aus Reichenbach ein Patent.

1889 Edison bringt die erste Phonographen-Puppe heraus, deren Kopf, Körper und Glieder von Jumeau und einer Sonneberger Puppenfabrik stammen.

1890 Buschow & Beck, Reichenbach und Nossen, übernehmen das Patent von Schön und stellen unter dem Namen »Minerva« Metall-Puppenköpfe her.
Beim Export nach England muß das Herstellungsland angegeben werden: »Germany«, »made in Germany« als Halsmarke und Kennzeichnung mit DRGM (Deutsches Reichsgebrauchsmuster), sowie dep. (deponiert als Gebrauchs- oder Geschmacksmuster beim zuständigen Amtsgericht).

1894 Jumeau (Paris) und Kämmer & Reinhardt (Waltershausen) bringen eigene Sprechpuppen auf den Markt. Jumeau nach dem

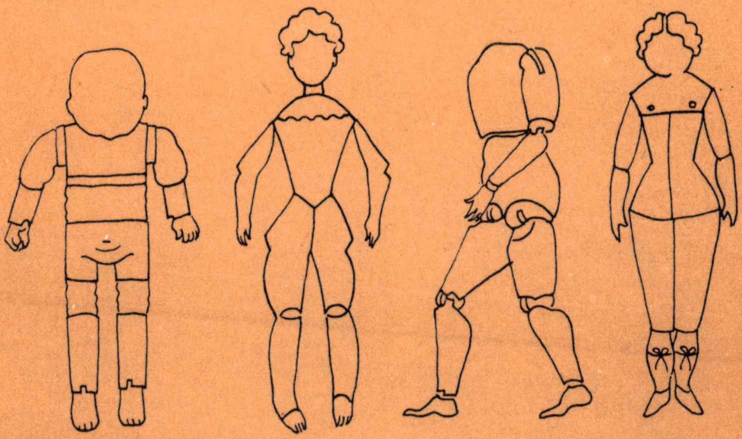

1851 Sonneberger Täufling

1860 franz. Lederkörper

1861 Kurbelgelenkkörper patentiert von Casimir Bru

1870 Stoffkörper für Porzellanköpfe Nankingpuppen

Prinzip des Phonographen, K & R nach der neuen Erfindung von Emile Berliner, dem Grammophon.

1895 Nach jahrelangen Versuchen verkauft die Rheinische Gummi- und Celluloid-Fabrik, Mannheim-Neckarau, die ersten Puppenköpfe aus Celluloid, die sich aber wegen des hohen Preises gegenüber den Porzellan- und Papiermachéköpfen nicht durchsetzen können.

1899 Zusammenschluß der französischen Puppen- und Spielzeugfirmen zur Société Française de Fabrication des Bébés et Jouets (SFBJ). Die Puppenaugen erhalten die ersten Wimpern aus echtem Haar.

1900 Allein in Thüringen gibt es über 100 Porzellanfabriken, die Puppenköpfe herstellen. Viele kennzeichnen ihre Produkte bewußt nicht, weil die Herstellung von Puppenköpfen das Renommé einer Porzellanfabrik untergraben würde.

1901 Otto Gans meldet die Schelmenaugen als Patent an, das dann kurze Zeit später von Kämmer & Reinhardt rücksichtslos übernommen und ausgenutzt wird.

1908 Das Kaufhaus Hermann Tietz zeigt auf einer Münchner Ausstellung Künstlerpuppen, unter anderem auch von Marion Kaulitz.

1909 Auf Anregung der Münchner Künstler läßt Kämmer & Rein-

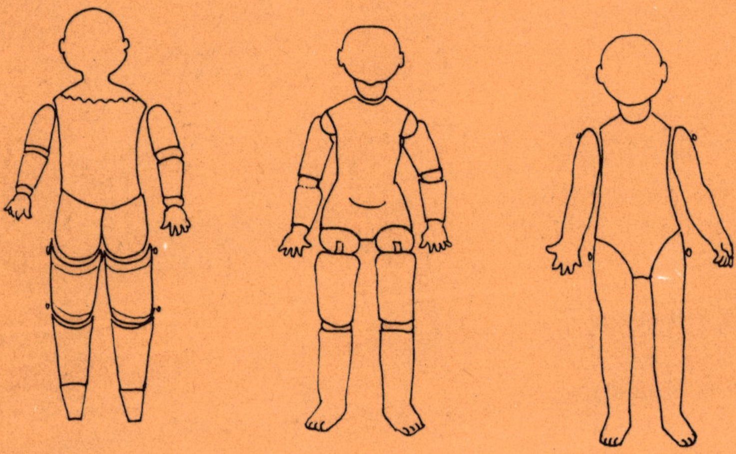

1880 Ledergelenkkörper **1880** Kugelgelenkkörper **1890** Steifgelenkkörper

hardt eigene Künstlerpuppen, sprich »Charakterpuppen« entwickeln und herstellen. Das erste Modell ist die Serie 100, ein Baby mit dem anatomischen Körperbau eines sechs Wochen alten Kindes, das sogenannte Sitzbaby; Serie 101: »Peter« und »Marie«, heute begehrteste Sammlerpuppen. Die ersten Charakterpuppen haben keine Schlafaugen, sondern nur gemalte.

1911 Viele Firmen kopieren die Charakterpuppen, aber ohne großen Erfolg.
Die ersten Käthe-Kruse-Puppen werden von Kämmer & Reinhardt fabrikmäßig hergestellt.

1912 Das Stehbaby, nach dem Vorbild eines ein- bis zweijährigen Kindes kommt auf den Markt (Toddler-Typ).

1913 Herstellung der ersten Puppen mit Schielaugen, sogenannte »Googlies«.

1914 bis 1918 Franz Schmidt, Waltershausen, gelingt es, in die Charakterpuppen auch Schlafaugen einzubauen. Der Siegeszug des Charakterbabies beginnt. J. D. Kestner, Waltershausen, bringt rechtzeitig zur Messe die »Kewpie«-Puppen heraus.
Durch die Wirren des Ersten Weltkrieges erlebt die thüringische Puppenindustrie schwere Rückschläge. Viele Fabriken gehen ein oder müssen ihre Produktion auf Kriegsmaterial umstellen. Wegen Mangel an Puppen-Nachschub entstehen in

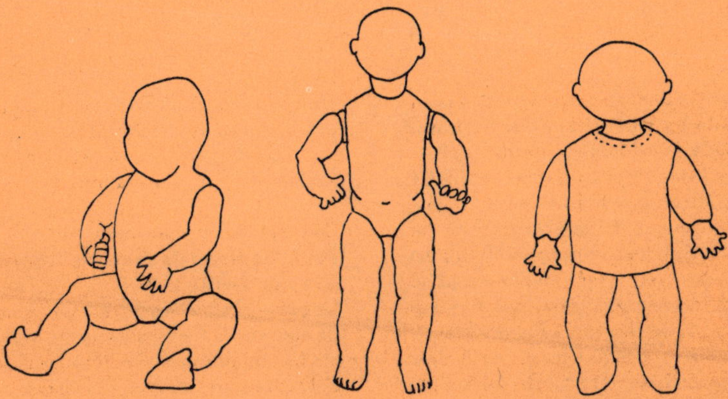

1909
Babykörper nach
6-Wochen-Kind

1912
Stehbaby nach
einjähr. Baby

1925
Baby mit Ringhalskopf und Stoffkörper
(My dream baby)

Frankreich, England und Amerika eigene Fabriken mit einer neuen, nationalen Puppenfabrikation.

1920 bis 1923 Durch Weltkrieg und Inflation gebeutelt, kann die Sonneberger Puppenindustrie nicht mehr wettbewerbsfähig bleiben. Der Export wird immer geringer, die Puppenfabriken sind auf den inländischen Markt angewiesen.

1925 bis 1930 Noch immer werden Gelenkpuppen mit Biskuitkurbelköpfen, Lederpuppen mit Biskuitbrustköpfen, glasierte Porzellanpuppen mit Stoffkörpern (Nankingpuppen), weichgestopfte Babies mit Ringhalskopf wie »My Dream Baby« herausgestellt.

Literaturempfehlungen

The Collector's Encyclopedia of Dolls by Dorothy, Elizabeth and Evelyn Coleman, London 1970
Für jeden Puppen-Sammler, auch für Anfänger, ein unerläßliches Nachschlagewerk, in dem lexikalisch nach dem Alphabet Puppenhersteller der ganzen Welt erfaßt sind, einschließlich ihrer Puppenproduktion mit gezeichneter Halsmarke und vielen, vielen Fotos. (Da das Buch nur in den USA recherchiert wurde, fehlen über die deutsche Puppenindustrie entscheidende Fakten.)

The Collector's Book of Doll's Chlothes by Dorothy, Elizabeth and Evelyn Coleman, London 1976
Zur Orientierung und zur Puppenbestimmung anhand von alten Katalogabbildungen bestens geeignet. Puppensammler entdecken hier die Originalkleidung ihrer Lieblinge, auch zum Nachnähen. Kulturhistorisch besonders zu empfehlen.

Puppen und Puppenmacher von Mary Hillier, Frankfurt 1968, Titel der englischen Ausgabe: Dolls and Dollmakers, London.
Dieses fundiert geschriebene Buch über die Geschichte der Puppe gehört in die erste Reihe der Puppenliteratur. Denn hier hat sich Mary Hillier bemüht, neue Fakten, insbesondere über die französische Puppenindustrie, herauszufinden.

Doll Mark Clues by Ralph A. Shea. Selbstverlag Shea, Ridgefield/USA 1972 (6 Bände).
Anhand von Nummern, Halsmarken und typischen Merkmalen wurde hier der Versuch gemacht, unbekannte Halsmarken zu identifizieren. Viele der Angaben sind Schlußfolgerungen des Autors, die nicht immer einer sachlichen Prüfung standhalten.

Das große Puppenbuch von Prof. Manfred Bachmann, Tübingen und Leipzig 1971.
Gegenwart und Geschichte der Spielpuppe wurde hier gründlich untersucht und mit reichem Fotomaterial dokumentiert. Ein wegweisendes Buch, insbesondere für den Pädagogen. Bei der zeitlichen Einordnung der Puppenabbildungen haben sich leider einige Fehler eingeschlichen.

Puppen-Handbuch, herausgegeben von Marianne und Jürgen Cieslik, Bad Honnef 1976/77
Neue Daten und Fakten über die deutsche Puppenindustrie sind in diesem umfangreichen Werk zusammengetragen worden. Viele Informationen stammen direkt aus dem Sonneberger Spielzeugmuseum. Eine notwendige Ergänzung zur Encyclopaedia of Doll's der Geschwister Coleman.

Silbernes Jubiläum einer Puppenfabrik – 25 Jahre Kämmer & Reinhardt, Bad Honnef 1977.
Der Reprint der Festschrift zum 25jährigen Bestehen des größten deutschen Puppenkonzerns aus dem Jahre 1911 ist ein Zeitdokument mit über 60 Originalfotos und über die Entstehung der Charakterpuppen.

Puppenwelt von Elke Dröscher, Dortmund 1978
Ein kleines Fotobändchen mit vielseitigen, interessanten Abbildungen (ohne Text).

The Collector's History of Dolls von Eileen King, London 1977
Puppen und Puppenhäuser von Eileen King, engl. Titel: Dolls and Doll's Houses. Frankfurt 1977.
Sehr viele und interessante Aufnahmen von Puppen und Puppenhäusern sind in diesen beiden Büchern zu finden. Der Text läßt zu wünschen übrig, Puppensammler sollten den Gebrauch der Daten und Fakten meiden.

Toys – Dolls – Atomata / Marks and Labels by Gwen White, London and Sidney 1975.
Viele Marken und Firmen sind in diesem Band gesammelt, aufschlußreich zusammengestellt und nicht nur für den Puppensammler, sondern auch den interessierten Spielzeugliebhaber wichtig.

All Color Book of Dolls by Kay Desmonde, London 1974
Ein Buch zum Anschauen mit zahlreichen, ganzseitigen Farbfotos.

Puppen-Zeitschriften

Puppen & Spielzeug
Obere Weinsteige 68
7000 Stuttgart 70
(erscheint 4 x im Jahr)

Old toys – Altes Spielzeug
Gruttersdreef 541
7328 DW Apeldorn Niederlande
(erscheint monatlich)

Doll News
Official publication of the united federation of doll clubs, incorporated
Miss Judith Whorton
Post Office Box 209
Wilsonville AL 35186 /USA
(erscheint 4 x im Jahr)

Doll Castle News
Dolls, Dollhouses & Miniatures
P. O. Box 247
Washington DC. N. J. o7882 /USA
(erscheint 6 x im Jahr)

Auktionshäuser

Vor jeder Auktion, die auch in den entsprechenden Fachzeitschriften angekündigt werden, veröffentlichen die Auktionshäuser ausführliche Kataloge, die man zu einer geringen Schutzgebühr bestellen kann. Große Auktionshäuser wie Chriestie's oder Sotheby's senden Ihnen auf Anforderung ein Katalogregister mit Preisen, so daß Sie für ein Jahr regelmäßig die Kataloge zu Spielzeug- und Puppen-Auktionen bestellen können. Hier die Auktionshäuser mit speziellen Puppenauktionen:

Rainer Baumann
Obere Wörthstr. 7–11
8500 Nürnberg

Peter Ineichen
C.-F.-Meyer-Str. 14
CH 8002 Zürich

Christie's South Kensington
85 Old Brompton Road
London SW 7 3JS

Sotheby's Belgravia
Sotheby Parke Bernet & Co.
19 Motcomb Street
London SW 1 x 8LB

Sammlungen und Museen

Deutschland

Bremen: Focke-Museum, Schwachhauser Heerstr. 240. Öffnungszeiten: Dienstag, Donnerstag, Freitag, Samstag, 10.00 bis 16.00 Uhr, Mittwoch 10.00 bis 18.00 Uhr, Sonntag 10.00 bis 14.00 Uhr.

Goslar: Puppen-Museum Antikhof Hoher Weg 5. Öffnungszeiten: täglich von 10.00 bis 18.00 Uhr.

Hamburg-Altona: Norddeutsches Landesmuseum, Museumsstr. 23. Öffnungszeiten: täglich außer montags 10.00 bis 17.00 Uhr.
Katalog: farbiger Prospekt, acht Seiten Umfang.

Kevelaer: Museum für niederrheinische Volkskunst, Hauptstr. 18. Öffnungszeiten: täglich 10.00 bis 17.00 Uhr, montags nur nach Voranmeldung (ab 1980 Sammlung Juliane Metzger mit rund 650 Exponaten).

Kommern (Kreis Euskirchen): Rheinisches Freilichtmuseum, Landesmuseum für Volkskunde. Öffnungszeiten: April bis Oktober täglich von 9.00 bis 18.00 Uhr, November bis März täglich 10.00 bis 16.00 Uhr.

Michelstadt/Odenwald: Kellerei. Öffnungszeiten: nur im Sommer geöffnet. (Sammlung August F. und Dr. Lena Adelhelm.)

München: Stadtmuseum, St.-Jakobs-Platz 1. Öffnungszeiten: täglich von 9.00 bis 16.30 Uhr, montags geschlossen.
Katalog: Ausstellung 3.12.1976 bis 11.4.1977, 266 Seiten, bearbeitet von Charlotte Angeletti.

Neustadt (bei Coburg): Trachtenpuppenmuseum, Öffnungszeiten: 15. März bis 15. Oktober täglich von 9.00 bis 18.00 Uhr.
Katalog: farbiger Prospekt, zwölf Seiten Umfang.

Nürnberg: Spielzeugmuseum der Stadt Nürnberg, Museum Lydia Bayer, Karlstr. 13. Öffnungszeiten: Dienstag, Donnerstag 10.00 bis 17.00 Uhr, Mittwoch 10.00 bis 21.00 Uhr, montags geschlossen.
Katalog: sehr schöner Museumsführer, 105 Seiten Umfang.

Nürnberg: Germanisches Museum Nationalmuseum, Kornmarkt 1. Öffnungszeiten: Täglich 9.00 bis 16.00 Uhr, montags geschlossen.

Tecklenburg (Teutoburger Wald), Im alten Torhaus »Die Legge«. Öffnungszeiten: Täglich 14.00 bis 17.00 Uhr, montags geschlossen, November bis März nur sonntags geöffnet (Sammlung Ute Bosch).

Wilhelmsbad (bei Hanau): Schloß Wilhelmsbad. Öffnungszeiten: Mittwoch, Samstag, Sonntag 11.00 bis 17.00 Uhr, für Gruppen, Schulklassen nach Vereinbarung, Eröffnung Anfang 1979 (Sammlung Gertrud Rosemann).

DDR

Arnstadt: Museen der Stadt Arnstadt, Schloßplatz 1.
Puppenhäuser der Fürstin Augusta Dorothea von Schwarzburg-Arnstadt.
Katalog: »Die Puppenstadt«, erschienen im Verlag Langewiesche/Königstein.

Sonneberg: Deutsches Spielzeug-Museum, Beethovenstr. 10. Öffnungszeiten: Täglich 9.00 bis 17.00 Uhr, montags geschlossen.
Außenstelle Schleusingen: Schloß Bertholdsburg. Öffnungszeiten: Täglich 9.00 bis 17.00 Uhr, montags geschlossen.

Schweiz

Basel: Kirschgarten-Museum, Elisabethenstr. 27. Öffnungszeiten: Dienstag bis Freitag 10.00 bis 12.00 Uhr und 14.00 bis 17.00 Uhr, Mittwoch 14.00 bis 17.00 Uhr, Samstag, Sonntag 10.00 bis 12.00 und 14.00 bis 17.00 Uhr.

Basel/Riehen: Spielzeug- und Dorfmuseum, Im Wettsteinhaus, Baselstr. 34. Öffnungszeiten: Mittwoch 14.00 bis 17.00 Uhr, Samstag 14.00 bis 17.00 Uhr, Sonntag 10.00 bis 12.00 und 14.00 bis 17.00 Uhr.

Güttingen (am Bodenseee): an der Straße Kreuzlingen–Romanshorn, Gasthaus »Adler«. Öffnungszeiten: Mittwoch, Samstag, Sonntag und an Feiertagen ab 14.00 Uhr oder nach Vereinbarung. Januar und Februar geschlossen. (Sammlung Jeannine le Brun).

Zürich: Wohnmuseum, Bärengasse 20–22. Öffnungszeiten: Täglich 10.00 bis 12.00 Uhr und 14.00 bis 17.00 Uhr, montags geschlossen (Puppenmuseum Sasha Morgenthaler).

Dänemark

Billund (Süddänemark): »Legoland«. Öffnungszeiten: 1. Mai bis Mitte September täglich 10.00 bis 20.00 Uhr (Neuerwerbung Titania Palace, Sammlung Estrid Faurholt).

Holland

Den Haag: Nederlands Kostuum museum, Lage Vijverberg 14–17.

Österreich

Salzburg: Museum Carolinum-Augusteum, Bürgerspitalgasse 2 (Sammlung Folk).

England

London: Bethnal Green Museum, Cambridge Heath Road E2. Öffnungszeiten: Samstag bis Donnerstag 10.00 bis 17.00 Uhr, Sonntag 14.30 bis 18.00 Uhr, freitags geschlossen.

London: Pollocks Toy Museum, 1 Scala Street W 1. Öffnungszeiten: Montag bis Samstag 10.00 bis 17.00 Uhr, freitags geschlossen.

Windsor: Windsor Castle, Queens Dolls House.

Schottland

Edinburgh: The Museum of Childhood.

Register

Bildverweise:
Kursiv gesetzte Zahlen

Register

Fotonachweis:

Die Puppen auf den Abbildungen 1/2/8/17/18/53/89/136/153 stammen aus einer Münchner Privatsammlung.

Für besondere Unterstützung danken wir Prof. Manfred Bachmann, Dresden; Dr. Otto Doms, Rödental; Herrn und Frau Dobrik, Neustadt; den Mitarbeitern des Spielzeugmuseums Sonneberg; Marianne Mareille; Meinhard Meisenbach, Bamberg; Erna Missbach, Nentesdorf; Frau Gitta Probst, Neustadt. Weiterer Dank gilt Dr. Theo Gantner, Schweizerisches Museum für Volkskunde, Basel; R. & H. Knedel, Frankfurt; Gertrud Rosemann, Frankfurt; Christine Heede, Heiligenhaus; Dietmar & Käthe Biermann, Jülich Frau Piotrowski, Bonn-Bad Godesberg; Renate Hack, Barmen und der Firma W. Goebel, Oeslau.

Bildnachweis: Schweizerisches Museum für Volkskunde, Basel (1), Firma W. Goebel, Oeslau (1), Spielzeugarchiv Cieslik, Jülich (übrige).